誰にも何にも期待しない

No expectations too much
for anything and anyone.

行動力と幸福度を同時に高める練習

長倉顕太

ソシム

まえがき

「期待しない」という薬

無数の本の中から本書を手に取る選択をしていただき、ありがとうございます。私は元々、編集者でもあるので、よく書店で本を選びます。そこで、意識しているのが、

「最善の選択ではなく、選択を最善にする」

ということ。選択した本を自分のために活かすと決めるのです。その結果、確実に何かを得ます。そして、これは人生においても同じです。

どうしても私たちは、「最善の選択」をしようとしがちです。そのために迷ったり、悩んだり。学生時代にマークシート形式のテストをやりすぎたのが影響しているのかもしれません。

確かに、テスト問題であれば、選択した時点で正解が存在します。しかし、人生は違います。そもそも人生に正解はありません。

しかし、日々、無数の選択を迫られるのが人生。ですから、私は、

「最善の選択ではなく、選択を最善にする」

という姿勢が重要だと伝えています。テストと違って人生の選択時には、そもそも正解は決まっていません。だとするなら、その選択に時間をかけるのは意味がないとも言えます。

だから、人生においては、

「何を選ぶか」より「選んだ後の行動」が重要

なのです。よく「あのとき、違うほうを選んでおけば良かった」と後悔している人を見かけますが、その人はどちらを選んでもうまくいかない人です。

そして、**選択を最善にするために必要なのが、「期待しない」という姿勢。**なぜなら、「期待しない」ことが行動とメンタルの安定につながるからです。

「期待しない」と行動できる理由

当たり前ですが、なんらかの結果を出すためには、続けることが大前提です。ビジネスで成功した人たちは続けた人であり、やめなかった人です。有名なスポーツ選手だって練習を続けた結果です。

ところが、私たち凡人は続けることができません。むしろ、だから凡人なのです。では、どうすればいいのでしょうか。

そこで私が提案したいのが「期待しない」というアプローチです。多くの場合、行動が止まる理由は、

「失敗を恐れて行動しない」
「失敗して落ち込んで行動を止める」

の二つです。これらが原因で行動が止まるのは、そもそも期待しているからです。

「うまくいくかも」という期待があるから、失敗が怖い。「うまくいくかも」という期待があったから、うまくいかなくて落ち込む。

最初から期待していなければ、恐れることも、落ち込むこともありません。だから、私は「期待しない」という姿勢を勧めているのです。

私はよく行動力を褒められますが、これは期待値ゼロで取り組んでいる結果です。

「期待しない」と感謝が生まれる

また、「期待しない」というアプローチはメンタルにもいいのです。前述したように、落ち込まないようになります。それどころか、感謝が生まれます。

期待しないで結果が出たときに、感謝の気持ちでいっぱいになります。その結果、非常にポジティブになれるのです。

たとえば、私はアメリカに住んでいたこともあるのですが、アマゾンで注文した商品が届かないことがあります（途中、盗まれたりして）。ですから、注文した商品を手にしただけで感謝が生まれます。

ところが、日本だと指定した時間に届かないだけで、イライラしたりします。これは、期待値がアメリカは低く、日本が高いからです。注文品が届いただけで感謝できるほうが、時間通りに来ないとイラつくより良い人生と言えないでしょうか。

私たちの不幸は実は「期待」が原因になっています。そして、出来事の多くは、期待値によって捉え方が変わります。５００円のランチにクレームを言う人は少なくても、５０００円のランチに不満があればクレームを言う人が増えるのと同じです。これは５００円のランチへの期待値が低いからです。

このように「期待しない」で生きることで、**「行動力」と「幸福度」を高めるのが本書の目的**です。

期待しない練習

本書を読み進めていくと、期待することにどれほど意味がないかがわかるようになっていきます。そして、読み終わる頃には、期待しない体質になっているはずです。

第1章は「**自分への期待**」をやめる練習です。「他人の目」を気にするのも、すべては自分への期待が原因だったりします。

第2章は「**人への期待**」をやめる練習です。親子関係、家族関係、友人関係などで悩むのは、すべて他人への期待が原因。この章を読むだけで「人間関係」の悩みは消えるでしょう。

第3章は「**会社への期待**」をやめる練習です。仕事の悩みは尽きません。そして、多くの人が組織の中で働いています。この章の内容を実践することで上司、部下、同僚などとの悩みがなくなります。

第4章は「**お金への期待**」をやめる練習です。資本主義で生きている限り、お金と無縁で生きることはできません。この章を読むことで、資本主義社会でうまく生きる方法がわかります。

第5章は「**社会への期待**」をやめる練習です。政治、メディアなど、現代社会をうまく生きるための知恵を書きました。

それでは20ページの「人生に期待しない」からお読みください。

Contents

第1章

自分への期待をやめる練習

Practice letting go of expectations for **others**

第2章 人への期待をやめる練習

Practice letting go of expectations for **company**

ブックデザイン　新井大輔　八木麻祐子（装幀新井）
DTP　マーリンクレイン
校正　西進社

第 1 章

自分への期待をやめる練習

Practice letting go of
expectations for
yourself

自分

yourself

への期待をやめたいあなたへ

その1
失敗が怖くて一歩踏み出せないあなたは……
p.20

その2
自分を客観視できず、現実が見えていないあなたは……
p.25

その3
成功は生まれ持った能力や努力次第だと考えているあなたは……
p.30

その4
予期せぬ出来事に対応するのが苦手
なあなたは……
p.36

その5
自分の「やりたいこと」が優先だという
あなたは……
p.42

その6
実績さえあれば人生は安泰
だと思っているあなたは……
p.49

その7
他人と同じ価値観を持つのが楽
だというあなたは……
p.54

人生に期待しない

Practice letting go of expectations for **yourself**

「人生に期待するな！」

よく私が使う言葉です。なぜなら、そのように考えたほうが、人生においてメリットが大きいからです。最近の日本社会はプレッシャーが多く、世間体も気にしなければなりません。その結果、

「他人の目が気になる」

という人が多い。多いというより大半がそうでしょう。この傾向にＳＮＳの普及が拍車をかけました。当たり前ですが、他人の目を気にしながらの人生ほど窮屈なものはありません。

私が本書で伝えたいのは、まさにここなのです。

他人の目を気にしすぎ、他人の評価を気にしすぎると、生きるのが窮屈になります。メンタルを病んでいきます。そんな人を救うのが、という姿勢です。「他人の目が気になる」のは、他人によく見られたいと思うからです。そして、「他人によく見られたい」と思うのは、自分の中に「他人によく見られる可能性」を感じているからです。

もし、あなたが可能性をまったく感じていなければ、他人の目は気にならないでしょう。たとえば、100％ふられるとわかっている相手に告白するのは緊張しないはずです。本当に1％も可能性を感じていなければ。

「人生に期待しない」

また、**人生に期待しないことで失敗への恐怖がなくなります**。これは現代社会においてはとても大きなメリットです。

私が人生を楽しめているのは、行動量が多いからです。

職業柄、人生を楽しんでいる多くの人たちを見てきました。彼らの共通点は行動量が圧倒的に多いところです。一方、そうでない人たちと話していると、行動できていない場合が多いです。

拙著『移動する人はうまくいく』（すばる舎）はおかげさまでベストセラーになりましたが、これは行動できずに悩んでいる人が多い証拠です。失敗への恐れが行動できない原因となっています。しかし、「人生に期待しない」という姿勢でいることで、この恐れからも解放されていくのです。

「うまくいかなかったらどうしよう」

「恥をかいたらどうしよう」

という思いが、行動の足かせになっています。しかし、人生に期待しないことで、この恐怖から解放されるのです。

なぜなら、**期待がなければ失敗という概念自体が存在しなくなる**からです。期待というのは、ある結果を望むことです。その結果が得られなければ「失敗」と感じます。

しかし、最初から何も期待していなければ、どんな結果が出ても「失敗」ではありません。単なる「結果」にすぎません。

人生に期待しない人は「どうなるかわからないが、やってみよう」という姿勢でチャレンジします。うまくいっても下手でも、それは単なる「結果」です。**失敗という概念がないので、恐れることもありません。**

この「失敗への恐れがなくなる」というのは、現代社会を生きる上で大きな武器になります。変化の激しい時代において、新しいことにチャレンジする勇気は不可欠です。自分の人生に期待しないことで、その勇気を手に入れることができるのです。

**”人生に期待することをやめれば、
失敗という概念がなくなり、
新しいことに挑戦する勇気が手に入る。“**

自分の能力に期待しない

Practice letting go of expectations for **yourself**

「自分をダメと思え！」

これは人生を生きる上で重要な姿勢です。巻の自己啓発書には「できる」と思い込むことが重要だと書いてあります。確かに、それも重要でしょう。ただ、それができないのが凡人です。では、どうすればいいでしょうか。私が提唱したいのは、

「自分の能力に期待しない」

ということです。一見すると消極的な姿勢に思えるかもしれません。しかし、実際にはこの考え方が**人生を豊かにする鍵**となります。

自分の能力に期待しないことで得られる最大のメリットは、自分を客観視できるようになることです。人は基本的に自分のことは過大評価しがちです。よく日本人は自己肯定感が低いと言われますが、それは過大評価の裏返しです。自分に期待しているわけです。

つまり、現実を見ていません。自分を客観的に見ることができていません。その結果として、現実を直視することを妨げてしまうのです。

一方、自分の能力に期待しない人は、より冷静に自分を見つめることができます。

うまくいっているときも、うまくいっていないときも、それを単なる「事実」として受け止められます。この**客観的な視点が、自己成長の鍵**となるのです。

私の場合は、編集者になってベストセラーを連発しているときに有頂天になっていました。自己評価が異常に高かったし、自分はなんでもできると思い込んでいました。ところが、自分より年下のある編集者に出会ったときに敵わないと思いました。だから、私は編集者でしたが、マーケターとして生きることに決めました。もし、編集者として客観的に自分の能力を見ることができなかったら、その後の結果は違ったものになっていたはずです。

この客観的な視点は、人生戦略を考える上で不可欠です。いま自分がどの地点にいるのか、**現在地を把握することで正確にゴールを目指せる**からです。

にもかかわらず、世の中はゴールの話が多い。「どうやったらゴールを達成できるのか」「どういうゴールがいいのか」……。確かにゴールは重要です。でも、現在地がわからなければ、行く方角すら決めることはできません。

たとえば、ゴールが東京だとしましょう。でも、自分が北海道にいるか、九州にいるかによって進む方角は変わってきます。それなのに人生においては現在地を知らないまま、ゴールばかりを目指している人が多いのです。

では、現在地を知るためにどうすればいいでしょうか。それは、世の中を知ることです。地元で1番だとしても、日本全国では1万位になるなんてことはざらです。とにかく、自分の視野を広げるように日々生きていきましょう。

ここで注意したいのは、「自分の能力に期待しない」というのは「自分を卑下する」ということではないという点です。むしろ、**自分の現状を冷静に受け止め、そこから成長していこうという姿勢**なのです。

自分を客観視する力は、人生のあらゆる場面で活きてきます。仕事であれ、趣味であれ、人間関係であれ、この姿勢があれば、より豊かな経験を積むことができるでしょう。

もちろん、成果はあくまでも結果論です。結果を期待するのではなく、正しい行動を淡々と継続していけばいいのです。結果を期待してはいけません。

最後に強調しておきたいのは、私たちはどうしても視野が狭くなりがちだということです。それを避けるためには、常に自分をアップデートし続けることも必要になってきます。でも、考えてみてください。アップデートし続けた先には楽しい未来が待っていると思いませんか。

”自分を過大評価せず、
客観視して現在地を把握することで
進むべき道が見えてくる。“

Practice letting go of expectations for **yourself**

努力に期待しない

「結果はたまたま」

これも知っておくべきことです。私たちは幼い頃から「努力すれば夢は叶う」と教えられてきました。しかし、現実はそう単純ではありません。生まれつきの能力、努力、そして偶然が複雑に絡み合って人生を形作っています。

日本でも「親ガチャ」という言葉が流行ったように、生まれつきの能力と遺伝の関係は特に重要な要素です。ある有名な研究では、教育達成度（学歴）の約40％が遺伝的要因によって説明できることが示されました。さらに、遺伝の影響が大きいことが知られる知能指数（IQ）の遺伝率が50％から80％の間であることも示されています。これは、一卵性双生児と二卵性双生児の比較研究や、養子研究などから導き出された結果です。

しかし、ここで注意すべき点があります。遺伝的要因が大きいからといって、環境の影響が小さいわけではないということ。むしろ、遺伝と環境は複雑に相互作用しています。これは「**遺伝子環境相互作用**」と呼ばれる現象です。

たとえば、ストレスへの耐性に関わる遺伝子の変異が、幼少期の虐待経験と相互作用して、うつ病のリスクに影響を与えるといわれています。つまり、同じ遺伝子を持っていても、環境によってその影響が異なるのです。

このように、生まれつきの能力は確かに遺伝の影響を強く受けますが、それは決定的なものではありません。むしろ、遺伝と環境の複雑な相互作用の中で、私たちの能力は形成され、発展していくのです。

しかし、環境もコントロールできません。私たちは遺伝だけでなく、環境も親の影響を大きく受けます。育った環境は人格形成にも大きく影響します。

ただ、安心してください。私は人生においては、偶然の要素が与える影響が大きいのではないかと思っています。たとえば、私は大学卒業後に就職すらできませんでした。アルバイト生活でした。その間にアメリカをブラブラしたりしましたが、日払いのバイトなどで凌ぐこともありました。

その後、28歳のときにたまたま新聞の求人広告を見て、出版社に応募し入社しました。そこから編集者としてベストセラーを連発。10年間で1000万部以上の書籍に関わらせてもらったから、いまがあります。

そうした経験を経て、いま私が思っているのは、人生においては努力よりも偶然のほうが重要なのではないかということ。そして、そう思っていたら、スタンフォード大学のジョン・D・クランボルツ博士が提唱した**「計画的偶発性理論」**というのがあることを知りました。

「計画的偶発性理論」は、キャリア開発の文脈で生まれたものですが、人生全般に適用できる考え方です。この理論の核心は、偶然の出来事を単なる運や不運としてではなく、**機会として積極的に活用する**ことにあります。

博士の唱える「計画的偶発性理論」では、「好奇心」「持続性」「柔軟性」「楽観主義」「リスクテイキング」を重視しています。これらのスキルを磨くことで、私たちは偶然の出来事をより良い機会に変えることができるというのです。

どんなに嘆いても生まれ持ったものを変えることはできません。だから、努力が必ずしも報われるとは限りません。ただし、クランボルツ博士の言う通り、偶然をうまく活用することで、良い人生に変えることができるのです。

最後に、人生に偶然の要素を積極的に取り入れるためにも、次の4つを勧めたいと思います。

- 自己理解のために生まれつきの能力があることを知る。
- 努力に結果を求めるのではなく、偶然の出来事を引き起こすためと考える。
- 行ったことのない所に行くなど、偶然が起こる環境に身を置く。
- 失敗を恐れずに行動する。

結局、人生は**偶然の連続**でしかないのです。

乗り越えられないものを嘆くのではなく、
スキルを磨いて偶然を呼び込み、
機会として有効に活用しよう。

目標に期待しない

Practice letting go of expectations for **yourself**

「目標はいらない」

私たちは幼い頃から「目標を持つことが大切だ」と教えられてきました。しかし、実際には目標を持たないほうが豊かな人生を送れる可能性が高いです。特に、数値化された具体的な目標は、思わぬ弊害をもたらすことがわかってきました。

「目標に期待しない」という考え方は、一見すると消極的に思えるかもしれませんが、

実は自由で柔軟な生き方につながるのです。目標を設定することには、いくつかの重大なデメリットがあることに気づく必要があります。

まず、目標を持つことで視野が狭くなってしまいます。現代社会は何が起こるかわからない時代です。変化の早い時代でもあります。一度、目標を固定してしまうことで、視野が狭くなり時代の変化に気づけなくなってしまいます。

また、数値目標に焦点を当てすぎると、数値のために生きるようになり、人生の楽しみや意義を見失いがちになります。目標が達成できないと自己価値を見失い、逆に達成しても空虚感を味わうことがあります。これは、目標達成を自己価値と結びつけてしまうからです。しかし、人間の価値は単なる数字で測れるものではありません。

さらに深刻なのは、メンタルヘルスへの悪影響です。数値目標の達成に固執することで、慢性的なストレスや不安を抱えやすくなります。これは長期的には、メンタルヘルスの悪化につながる可能性があります。現代社会ではメンタルヘルスの重要性が叫ばれていますが、過度な目標設定はそれを損なう要因になりかねません。

特に変化が速く、何が起こるかわからない時代に私たちはいます。目標で生き方を固定してしまうことのリスクは大きく、現代社会においては目標を持たないほうが断然いいのです。

ひと昔前の「お金を稼げば成功」という考えも古くなり、時代がどんどん変化していく中で、人生の目標に固執してしまうことは危険でしかありません。

特定の目標に縛られないことで、自分自身の本当の興味や情熱を探求する時間と心の余裕が生まれます。多くの人々は、社会の期待や周囲の圧力によって、自分が本当に望むことを見失っています。目標から解放されることで、自己探求の旅に出ることができるのです。

ただし、すべての目標が有害というわけではありません。私は**3カ月程度の短期的な目標は必要**だと思っています。特に、仕事面においては重要です。

3カ月目標であれば偶然の要素が入り込む余地が少なくなります。その分、やった通りに結果が出やすい。そうやって、成果を出すことも人生において大切です。結局、私も過去に編集者として1100万部の本を作ってきたから、この本を書くチャンスももらえたわけです。

短期的な目標を設定して結果を出し、長期的には目標を持たずに視野を広げていく。この繰り返しが人生においては程よいのです。

実はこの考え方は、「**エフェクチュエーション理論**」と深く関連しています。エフェクチュエーション理論は、不確実な状況下での意思決定プロセスを説明するもので、特に起業家の思考プロセスを理解する上で重要な理論と言われています。

この理論では、まず手持ちの資源から始めることを勧めています。これは前述した現在地を知ることに通じます。つまり、遠い未来の大きな目標を立てるのではなく、いま自分が持っているもの（知識、スキル、人脈など）から出発して、そこから可能性を広げていくというアプローチです。

まずは、いますぐに使える資源や能力に焦点を当てます。先ほど述べた短期的な目標設定は、まさにこの原則と一致します。3カ月という短期間で、いまある自分の能力や資源を最大限に活用することに焦点を当てるのです。

また、予期せぬ出来事や困難を、新しい機会に変えることも重視しています。まさに「**計画的偶発性理論**」にも合致します。

最後に大切なことは、環境をコントロールしようとするのではなく、自分の行動を通じて未来を形作っていく姿勢です。

エフェクチュエーション理論を取り入れた「目標に期待しない」生き方は、より創造的で適応力の高い人生設計を可能にします。大きな目標に囚われるのではなく、いまある資源を最大限に活用し、小さな挑戦を重ねていくのです。そして、予期せぬ出来事も柔軟に受け入れ、新たな機会に変えていくのです。

このアプローチは、急速に変化する現代社会にも適しています。固定的な長期目標よりも、状況に応じて柔軟に対応できる能力のほうが、むしろ重要になってきているからです。

短期目標の中で自分の資源、能力をフル活用。小さな挑戦をどんどん積み重ね、可能性を広げていこう。

「やりたいこと」に期待しない

「やりたいことがありません」

という相談が私のところには多くきます。そのときに、「やりたいことはなくていい」と答えると非常に驚いた顔をされます。と同時に、「安心しました」という声もよく聞きます。なぜかこの社会には、「やりたいことがないとダメ」だというメッセージが蔓延してしまっているのです。

その原因の一つがメディアです。影響力のある人の多くは、やりたいことを実現させてきました。しかも、発言力も強い。これは私が出版業界にいたからわかることですが、本を書くような人は特別な能力を持っている場合が多い。メディアで取り上げられる人も同じでしょう。

つまり、一部の人の考えが世の中で蔓延してしまうのです。これが「やりたいことがなければいけない」と思い込んでいる人が多い原因です。極論すると、1%の成功者の声が世の中の99%になってしまっているような状況です。

だから、私はあえて「やりたいことはなくていい」と言いたいのです。なぜなら、多くの人が「やりたいこと」と思い込んでいるものは、実際には**社会や周囲の期待、メディアの影響などによって形成された「ウソの欲求」である可能性が高い**からです。

ハーバード大学のダニエル・ギルバート教授が行った一連の研究は、人間の意思決定と将来予測に関する興味深い洞察を提供しています。ギルバート教授の研究によると、人間は**自分が何を望んでいるかを正確に予測することが非常に苦手**であるというのです。この現象は「**感情予測の誤り**」と呼ばれ、私たちが未来の自分の感情や欲求を予測する際に、系統的な誤りを犯してしまうことを指しています。

たとえば、ある実験では、参加者に将来の給与希望額を尋ねたところ、多くの人が現在の生活水準よりもはるかに高い金額を挙げました。しかし、実際に収入が増えた人々の追跡調査を行うと、予想したほどの幸福感の向上は見られませんでした。これは、私たちが物質的な欲求の満足が自分の幸福にもたらす影響を過大評価する傾向があることを示しています。

また、別の研究は、私たちの欲求が社会的影響を強く受けることを明らかにしています。

私たちは往々にして、他人が欲しがっているものを自分も欲しがる傾向にあります。

これは「**社会的証明**」と呼ばれる心理現象で、人間の根本的な特性の一つです。社会的証明の原理により、私たちは自分の周囲の人々の行動や選択を観察し、それを正しいものとして受け入れ、模倣しようとします。

この傾向は、消費行動や人生の重要な決定においても顕著に現れます。たとえば、特定の職業や学問分野を選択する際、その分野が社会的に評価されているかどうかが大きな影響を与えます。また、流行の商品を購入したり、人気のある場所に旅行したりする際も、他者の選択に影響されていることが多いのです。

このような社会的影響は、私たちの意思決定に有益な情報を提供する場合もありますが、同時に個人の真の欲求や適性を見失わせる危険があります。ギルバート教授の研究は、私たちが自律的な選択ができないことを示しているのです。

当たり前ですが、このようなウソの「やりたいこと」は実現しません。なぜなら、それは自分の内面から湧き出てくる情熱や興味に基づいていないからです。このような外発的モチベーション（他人の期待や社会的評価など）に基づく目標は、内発的モチベーション（純粋な興味や喜び）に基づく目標と比べて、達成される可能性が低く、達成されても満足度が低いというのは想像に難くありません。

また、「やりたいこと」というのは、**多くの場合、過去の価値観に基づいている**という点も危険です。

私たちの「好き」「嫌い」といった趣向は、これまでの経験や学習によって形成された価値観の産物にすぎません。しかし、世界は急速に変化しており、過去の価値観は現在や未来において害でしかありません。

しかも、こうした過去の価値観は親の影響が大きい。特に日本のように「親を大切に」という考え方では、その傾向が強くなります。当たり前ですが、親と同じ価値観では時代に対応できるわけはありません。

私は多くの若者と接する機会が多いのですが、親の影響から抜けきれていない子が多い。つまり、親が選ぶ選択を無意識にしているわけです。

親が誰もが認めるような成功者であればいいかもしれませんが、多くの場合はそうではありません。だとしたら、親の価値観に沿って生きれば、自動的に時代に適応できないに決まっています。だから、私は『親は100%間違っている』（光文社）という本を書きました。

大切なのは固定的な「やりたいこと」を持たず、代わりに新しい経験や学習に開かれた姿勢を持つこと。そして、新しいことに挑戦し、そこから新たな価値観や興味を見出していくこと。これは、前述のエフェクチュエーション理論とも通じる考え方です。

結局のところ、人生の本当の価値は、事前に決めた「やりたいこと」の実現ではなく、その過程で得た経験や成長、そして感じた喜びや充実感にあるのではないでしょうか。

”

他者の選択や過去の価値観に基づいた「やりたいこと」の実現よりも新たな価値観や興味を見出すことが重要だ。

“

実績に期待しない

「実績がないからできません」

アドバイスをした後によく言われることです。そのとき思うのが、「最初から実績がある人なんかいないのに」ということ。

私たちは幼い頃から「実績を積むことが大切だ」と教えられます。履歴書には学歴や職歴を記入し、面接では過去の成果を語ります。しかし、実際には実績というのは、そこまで重要ではありません。

私の場合でいえば、過去にベストセラーをたくさん編集してきました。確かに、30代前半の頃は「出せばベストセラー」みたいな状況でした。そして、有頂天になっていた自分がいました。

では、50代になって、そのときと同じことができるかと言えばウソになります。ただ、いまはそのときより創造力は劣っていますが、経験や人脈でそれをカバーできています。実際、当時より収入も上回っています。

つまり、**現在の力と過去の力はまったく違う**わけです。私の場合は、過去は創造力で、現在は経験と人脈で戦っています。ただ、わかりやすいから「1100万部編集者」と名乗るようにしているだけです。

ここからわかるのは、実績というのは**現在のために利用するもの**であって、実績そのものは現在とは関係ないということです。かつてのホームラン王だって、金メダリストだって、引退してしまえば、同じ能力を発揮できないのと同じです。

実際、実績は未来とは必ずしも関係がありません。過去の成功が将来の成功を保証するものではありません。むしろ、過去の実績に囚われることで、新しい可能性を見逃してしまう危険性すらあります。

ハーバード大学のクレイトン・クリステンセン教授が提唱した**「イノベーションのジレンマ」理論**は、この点を鮮明に示しています。クリステンセン教授の研究によると、業界をリードする企業が新しい技術や市場の変化に適応できずに衰退するケースが多々あります。

これは過去の成功体験や既存の顧客基盤に囚われるあまり、破壊的イノベーションを見逃してしまうからです。この理論は、個人のキャリアにも適用できます。過去の実績に固執することで、新しい機会や可能性を逃してしまう危険性があるのです。

そして、私が強調したいのは、

「実績がなくても諦める必要はない」

ということ。スタンフォード大学のキャロル・ドゥエック教授が提唱した「成長マインドセット」の概念は、この考え方を裏付けています。

ドゥエック教授の研究によると、「能力は固定的なものではなく、努力によって成長させることができる」と信じている人のほうが、長期的に高い成果を上げる傾向にあります。つまり、現時点で実績がなくても、学習と成長の機会として捉えることで、将来的に大きな成功につながる可能性があるのです。

当たり前ですが、最初から実績がある人などいません。アップルのスティーブ・ジョブズ、マイクロソフトのビル・ゲイツ、アマゾンのジェフ・ベゾス、テスラのイーロン・マスクなど、現代を代表する起業家たちも、最初は無名の若者にすぎなかったはずです。

認知科学では「**脳は過去（の自分にとって）に重要なものしか見えない**」と言われます。私たちは意識しないと、過去の延長線上の未来しか生きることができません。これだけでも危険なのに、過去の実績に囚われてしまうと代わり映えしない人生になっていきます。

結局のところ、人生の価値は結果や実績そのものではなく、その過程で得た経験や知識でしかありません。実績はあくまでも後からついてくるものであり、利用できるなら使えばいい。できないなら、無視すればいいのです。


実績は、現在のために利用するもの。実績がなければ学習と成長の機会と捉え、将来の成功につなげよう。

Practice letting go of expectations for **yourself**

自分の価値観に期待しない

「その価値観はウソです」

私たちは幼い頃から、自分の価値観を大切にすることの重要性を教えられてきました。ただ、その自分の価値観はウソの場合が多い。

なぜなら、私たちが「自分の価値観」だと思っているものの多くが、実は他者から押しつけられたものである可能性が高いからです。

数多くの研究から「親の価値観」は家庭内での会話や行動を通じて子どもに伝わり、「子どもの価値観」形成に影響を与えることがわかっています。これは、私たちが「自分の価値観」だと思っているものの多くが、実は**親からの「洗脳」の結果**である可能性を示唆しています。

たとえば、ある男性を想像してみましょう。彼は幼い頃から「男は家族を養うものだ」という価値観を親から教え込まれてきました。そのため、自分の本当の興味や才能とは関係なく、高収入の仕事を追い求めることになります。

しかし、その過程で彼は自分の本当の情熱を見失い、心の奥底では満たされない思いを抱えています。これは、親から押しつけられた価値観に囚われることの危険性を示す一例です。

また、メディアの影響力も無視できません。私たちの価値観の形成には、マスメディアやソーシャルメディアが大きな影響を与えているといわれています。特に、若者の価値観形成におけるソーシャルメディアの影響力は年々増大しているそうです。

今度は、ある若い女性を想像してみてください。彼女はＳＮＳで「インスタ映え」する生活を送る人々の投稿を日々目にしています。そのため、自分も同じような生活をしなければならないという価値観を無意識のうちに形成してしまいます。

結果として、本当の自分の興味や価値観とは無関係に、見栄えの良い生活を追い求めることになります。これは、メディアによって押しつけられた価値観に囚われることの弊害を示す例です。

このように、私たちが「自分の価値観」だと信じているものの多くは、実は親やメディアからの洗脳の結果です。だからこそ、**早い段階で他人から押しつけられた価値観から抜け出すことが重要**なのです。

では、どうすれば洗脳された価値観から抜け出すことができるでしょうか。

私が提唱し続けているのは**環境を変えること**です。物理的に環境を変えること。わかりやすいのは、転職、引越しでしょう。私はよく若者にアドバイスをしますが、転職と引越しを同時に実行した人は人生が良い方向にいくことが多い。

それでも変われないなら、**人間関係を見直すこと**です。しかも、より身近な人間関係を見直さないといけません。具体的には家族やパートナーや友人です。

もちろん、家族との関係を切るのは、かなりハードです。でも、もし劇的に人生を変えたいなら、やる価値はあります。ただ、関係を切ると言っても、一時的でもいいのです。たとえば、1年間だけ連絡を断つ。その期間に一気に自分の価値観を変えましょう。

いままでの価値観から抜け出したら、次に新たに自分の価値観に気づく必要があります。そのために重要なのは、知識と経験になります。まずはいろんな価値観があることを知らなければ、自分が何に価値を見出すのかわかりません。

以前にラオスで学校を建てるプロジェクトに参加したとき、現地の小学生たちに将来の夢を聞いたことがあります。彼らは医者、学校の先生、警察のどれかしか答えませんでした。つまり、人は知っているものの中からしか選べないのです。

だから、同じようにどれだけ多くの価値観を知っているかで、自分に合ったものが見つかる可能性が高まります。知識と経験を積むことは、多くの新たな価値観に触れることになります。その結果、自分の価値観が生まれるのです。

自分の価値観が手に入れば、自分の役割が明確になりブレなくなります。内発的なモチベーションを維持できるので行動力が増し、成果も出やすくなります。成果を出すことでチャンスも増えていき、充実した人生になるはずです。

知識を得て、経験を積み、
多くの価値観を知ってこそ、
自分の価値観が生まれる。

行動力と幸福度を高める練習①

- ☑ 他人の目を過剰に気にしない。
- ☑ 自分を客観視して、現状から成長する姿勢を持つ。
- ☑ 好奇心や持続性、柔軟性などのスキルを磨く。
- ☑ 失敗を恐れずに行動して偶然を引き寄せる。
- ☑ 長期的な目標ではなく、3カ月ほどの短期的な目標を立てる。
- ☑ 内発的モチベーションに基づく「やりたいこと」を大事にする。
- ☑ もしも実績がなくても決して諦めない。
- ☑ 自分の価値観だと信じているものを疑う。
- ☑ 洗脳された価値観から抜け出すために環境を変える。

第 2 章

人への期待をやめる練習

Practice letting go of
expectations for
others

人

others

への期待をやめたいあなたへ

その1

なあなたは……
自分で意思決定するのが苦手

p.64

その2

子どものすることに
いちいち口出ししたくなるあなたは……

p.69

その3

家族なんだから、「助け合って当たり前」だと
考えているあなたは……

p.75

その4

友達はいなければいけないもの、多ければ多いほどいいもの

だと思っているあなたは……

p.80

その5

教育は先生に任せればいい

と考えているあなたは……

p.85

その6

SNSでいつも

誰かとつながっていたいあなたは……

p.90

親に期待しない

「親は100%間違っている」

これは私の2作目の著書のタイトルにもしているメッセージです。

私たちは幼い頃から、親を尊敬し、その言葉に従うべきだと教えられてきました。多くの人が親を人生の指針とし、その期待に応えようと懸命に努力します。しかし、その期待に応えようとすればするほど、人生は悪い方向に進みます。だから、私はこのメッセージをしつこく伝え続けています。

親も人間なので、いい人もいれば悪い人もいます。だから、すべての親を否定しろと言うつもりはありません。とはいえ、**一度は否定するべきでしょう。**否定した上で親じゃなかったとしても尊敬できるか。

私も親だからわかるのですが、子育てほど難しいものはありません。いろんな人生経験をしてきましたが、子育てが一番ハードだとも言えます。

その上で、そもそもどんな親も初めて子育てをするわけですから、うまくできないのは当然。もう開き直るしかないというのが私の結論です。人は失敗をしながら物事を学んでいきます。つまり、子育ては失敗の連続なのです。そもそも子育てに正解がないこともやっかいです。

受験の低年齢化も正解がないゆえの不安から、親が学校というブランドに頼っているだけです。親もどうしたらいいかわからないのが実情なのです。そんな環境にいる親に期待できるでしょうか？

たとえるなら、起業見習い中の人に起業を、経営がうまくいっていない人に経営を学ぶようなものです。にもかかわらず、日本社会においては「親は尊敬するもの」と洗脳されて育てられます。

これは親にとっても辛いものです。人間なんて弱い生き物。それを尊敬されるようになんてできるわけがありません。**親も期待されないほうが気が楽**です。

しかし、こんな状況でも親の言うことを聞く子が意外と多い。私のような団塊ジュニア世代は、親に反抗するのは当然でした。私なんかもパンクロックに触発され、親や教師、はたまた大人は全員、信じないみたいな姿勢で過ごしてきました。ただ、いまの若者は違うらしいのです。むしろ、ここにも危機感を覚えます。

そもそも、親の価値観は時代に合いません。親が過ごした時代と子どもが過ごす時代はだいたい30年間くらいのずれがあります。だとするなら、時代に合わないのは自明の理です。だから、親がよほどの成功者でない限り、**親のアドバイスは間違う可能性が高い**のです。

しかも、子どもを危険から守りたいという親心があり、小さいときから危ないことを避けるように仕向けます。その結果、親のアドバイスはリスクを避ける傾向があり、「安定した仕事につきなさい」「冒険は避けるべきだ」と保守的になりがちです。安定しているからという理由で、医療関係や公務員を勧める親も多いでしょう。

とはいえ、いまの日本社会に安定などありません。昔のように一生にわたって一つの会社で働くこともあり得ません。しかも、時代の変化が激しい。どう考えても親を信じないほうが人生がうまくいくと断言できます。

では、どうすれば親に期待しないで生きていけるのでしょうか。**物理的に距離を置くのが一番簡単**です。ただ、それが難しいという人も多くいるでしょう。実際、私が10年以上も親と会っていないと言うと驚かれるくらいです。

「親に期待しない」ことによって、**親の期待に応えるのではなく、自分で意思決定できる**ようになります。そのためにも知識と経験を積んでいく必要があり、その結果、自分の興味や才能を発見できる可能性も高まるのです。

最後に伝えたいのは、結局、親の言うことを聞いたところで、人生に責任はとってもらえないということです。だったら、自分の価値観に素直に生きたほうがいいのです。

自分の人生の責任を負うのは自分。
知識を得て経験を積み、
親に頼らずに自分で意思決定しよう。

子どもに期待しない

「名前は呪い」

私はよくこの話をします。親は「〇〇のような子に育ってほしい」と願い名前をつけます。たとえば、「正」（ただし）なんて名前だったなら、かなりぞっとしないでしょうか。日本では「名前の意味」なんかを子どもに伝えがちです。もちろん、愛情表現の一つなのはわかります。

ただ正直、子どもにとってはありがた迷惑です。このように、私たちは生まれたときから親に呪われ続けます。親は子どもに大きな期待を寄せてしまいがちだからです。「将来は○○になってほしい」「△△大学に入ってほしい」など、親は当たり前のように願望を子どもに押しつけます。しかし、実際には「子どもに期待しない」ほうが、**子どもの健全な成長と親子関係の構築につながる可能性が高い**のです。

そもそも前述したように能力は遺伝的な要素も強いです。子どもにプレッシャーをかける親を見ていて思うのは、自分の子が自分以上になるのを期待するのは酷だということ。多くの親はたいしたことのない自分を棚に上げて過度の期待をしがちです。

また、親の高すぎる期待は子どもの自尊心の低下や不安障害のリスクを高めるという多くの研究結果も出ています。**子どもは親の期待に応えようとするあまり、自分の本当の興味や才能を無視してしまう**かもしれません。

ある父親を想像してみましょう。彼は自分の息子に医者になってほしいと強く願っています。その結果、息子は幼い頃から医学の勉強を強いられ、他の興味を追求する機会を失ってしまいます。しかし、息子の本当の才能は芸術にあったかもしれません。これは、親の期待が子どもの可能性を狭めてしまう典型的な例です。

また、親が子どもに過度に期待し、子どももその期待に応えようとする関係性は、健全な自立を妨げる共依存関係に陥りやすいといいます。この共依存関係は、子どもの自己決定能力を弱め、親離れを困難にする可能性があります。

たとえば、母親は娘の人生の細部まで管理し、常に「最善の選択」をさせようとします。娘は母親の期待に応えるため、自分の意思を押し殺して母親の望む道を歩みます。結果として、娘は自立心を失い、重要な決断を常に母親に委ねるようになってしまいます。

私が多くの若者たちと接する中で感じるのは、**自分で決めることができる人が少ない**ということ。私は小学生くらいの頃からなんでも自分で決めてきたので、自分で決められない人がいることが不思議でした。学校選びも塾選びも自分で決めていたからです。キャリアも親に相談したことなどありません。

ただ、いまの若者たちが親離れしていないというより、**親が子離れしていない**ように思えます。特に母親が子離れできていません。その原因は、日本社会にあります。日本は先進国の中でも著しく女性の社会進出が遅れています。

つまり、多くの女性が社会的に認められづらい状況がいまでも続いているのです。その結果として、母親が「親」というアイデンティティを失いたくないがゆえに、子離れできないのではないでしょうか。これは、あくまでも私の仮説です。ただ、だからこそ、女性の社会進出の促進は親子間の共依存関係を減らすことにもつながります。

「子どもに期待しない」生き方を実践することで、**子どものストレスが軽減され、より自由に自己探求ができる**ようになります。親子関係もより健全なものとなり、オープンなコミュニケーションが可能になります。子どもの自尊心や自己効力感も高まり、自分自身の判断で人生の選択をする力が育ちます。

また、「子どもに期待しない」ことで親自身も子育てのプレッシャーから解放され、子どもの成長をより楽しむことができるようになります。親がやることは、適切な環境を用意するだけです。

余談になりますが、私は母親たちにビジネスを教えてお金を稼がせることに力を入れています。理由は、自分自身で稼げれば子どもに依存しなくなるし、お金があれば良い環境も提供できると思っているからです。

子どもへの過度な期待はリスク大。
期待しない生き方の実践でストレスが軽減され、
子どもの自尊心や自己効力感が育まれる。

家族に期待しない

Practice letting go of expectations for **others**

「殺人事件の半数以上は家族間」

この事実をご存じですか。具体的には、1年間の日本の殺人事件の認知件数が1000件を下回る中で、そのおよそ半数が親族間によるものなのです。約20年前から家族内を主とした親族間での殺人件数は400件から500件台で推移しており、全体の殺人件数が減少する中で、むしろその割合が高まっています。

私たちは幼い頃から、家族は最も信頼できる存在だと教えられてきました。「血は水よりも濃い」という格言に象徴されるように、家族への期待や依存は当然のことと考えられがちです。しかし、実際には「家族」というのはやっかいな存在なのです。

私は家族すべてをダメと言いたいわけではなく、**家族関係を過信するな**と言いたいのです。家族への過度の期待や依存は、しばしば深刻な問題を引き起こします。前述したように、日本の犯罪統計によると、殺人事件の半数以上が家族間で発生しているといいます。この衝撃的な事実は、家族関係が必ずしも安全で調和のとれたものではないことを示しています。

ある研究によれば、家族間の殺人の多くは、**長年の葛藤や期待のすれ違いが極限まで高じた結果**。家族だからこそ許されると思い、互いに過度の要求や期待をしてしまう。そして、それが満たされないとき、極端な形で怒りや絶望が表出されるのです。

たとえば、ある中年の男性を想像してみましょう。彼は長年、両親の介護を一人で担ってきました。兄弟は遠方に住んでおり、ほとんど助けてくれません。彼は家族なのだから兄弟も介護を手伝うべきだと期待していましたが、その期待は裏切られ続けました。

特に介護問題が深刻になっていく現代においては、このような事例は枚挙にいとまがありません。

そもそも家族の重要性が薄れてきているのも原因の一つです。かつての日本社会では、家族は経済的な生存単位であり、労働力としても互いに支え合う必要がありました。貧しさゆえに、家族の絆は生きていくための必須条件だったのです。

しかし、現代社会では状況が大きく変わっています。経済の発展と社会保障制度の充実により、個人が家族に頼らずとも生活できる環境が整ってきました。にもかかわらず、多くの人々が昔ながらの「家族観」に縛られ、不必要な期待や依存を続けているのが現状です。

たとえば、ある夫婦は「子どもは老後の面倒を見るべきだ」という古い価値観を持っています。しかし、子どもたちは自身の家庭や仕事で精一杯で、親の期待に応えられません。この期待と現実のギャップが、深刻な家族間の軋轢《あつれき》を生んでいます。これは、時代にそぐわない家族観が問題を引き起こす例です。

カリフォルニア大学の研究によれば、家族間の期待は往々にして「暗黙の了解」に基づいており、それが明確に伝達されないことが多いといいます。そして、この「暗黙の了解」が各自で異なるとき、深刻な対立が生じやすいとされています。

また、家族関係における金銭的な問題も見過ごせません。特に相続をめぐる問題は、兄弟姉妹間の深刻な対立を引き起こすことがあります。親が亡くなって相続でもめ、絶縁する兄弟姉妹も多いのです。

今後の日本はどんどん貧しくなっていくことが確定しているので、遺産の奪い合いも増えるでしょう。そもそも、その前に介護問題でもめる可能性のほうが高いかもしれません。

結局、重要なのは、**家族を絶対的な存在としてではなく、一人一人が独立した個人であることを認識し、互いの境界線を尊重する**ことです。そのためにも、経済的にも精神的にも自立することが重要なのです。

> **家族だからといって過度な期待や要求はNG。古い家族観は捨て、一人一人を尊重することで、円滑な関係を保てる。**

Practice letting go of expectations for **others**

友達に期待しない

「友達100人できるかな」

という呪い。私たちは物心ついたときから友達の大切さを教えこまれてきました。多くの友人を持つことが幸せの象徴のように扱われることも少なくありません。友達がいないと、まるで人間としての価値がないように思われます。

しかし、実際には「友達100人できるかな」という洗脳のせいで、私たちは子どもの頃から不必要なプレッシャーを受けて育つことになります。

「トイレランチ」もしくは「便所飯」という言葉を聞いたことはあるでしょうか。これは「一人で食事をしている姿を見られたくない」という思いから、トイレの個室で食事をとることです。

他人の目を過剰に気にするあまり、自分の快適さや尊厳さえも犠牲にする。トイレランチに限らず、私たちはいつも他人の目を過度に気にしています。その結果として、**自己決定能力の低下や自尊心の毀損《きそん》**につながっていきます。

たとえば、ある若者は友人たちの目を気にするあまり、自分の本当の興味や才能を無視して、周囲や世間に合わせた行動ばかりとるようになってしまいました。休日の過ごし方、服装の選び方、さらには仕事の選択まで、すべて友人たちの評価を基準に決めるようになり、次第に自分らしさを失ってしまいます。

だから、私は友達はいなくていいし、もっと孤独を楽しむことを勧めたい。私が好きな言葉に、

「孤独に耐える能力は、愛する能力と表裏一体である」

というものがあります。これは世界的ベストセラー『愛するということ』（紀伊國屋書店）の著者であり、心理学者のエーリッヒ・フロムの言葉です。私は一人でいることが好きですが、だからといって人間関係に恵まれていないわけではありません。

むしろ一人でいることが平気だったから、いまがあると思っています。私は40歳の頃に死にかけたことがあるのですが、そのとき思ったのが「人間関係に恵まれた人生だったな」ということでした。それほど恵まれてきました。

面白いことに**孤独に耐える力がある人ほど、良質な人間関係を築ける**傾向があることがわかってきました。カリフォルニア大学の研究によると、一人でいることに快適さを感じる人ほど、他者との関係においても健全で安定したつながりを持つ傾向があるといいます。

一人になる力は、実は**より深い人間関係を築く基盤**となります。なぜなら、**自己完結できる個人は、他者との関係に執着せず、より自由で平等な関係性を構築できる**からです。また、他人の目を過剰に気にすることなく、自分らしい生き方を追求できるようになります。

結局のところ、真の友情とは、互いに期待や依存を押しつけるのではなく、それぞれの人生と選択を尊重し合うことではないでしょうか。「友達に期待しない」生き方は、そうした成熟した友人関係への道を開くものなのです。

友達は人生を豊かにする存在になり得るが、それは決して必須条件ではありません。自分自身と良好な関係を築き、適度な距離感を保ちながら他者と交流する。そんな「友達に期待しない」生き方こそが、結果として良い人間関係を作るのでしょう。

最後にロックバンド「ザ・クロマニヨンズ」の甲本ヒロトさんの言葉を紹介します。

「友達なんていなくて当たり前なんだから。友達じゃねぇよ、クラスメイトなんて。たまたま同じ年に生まれた近所の奴が同じ部屋に集められただけじゃん。趣味も違うのに友達になれるわけないじゃん。山手線に乗ってて、『はい、この車両全員仲よく友達ね』って言われても、『いや、偶然いま一緒に乗ってるだけなんですけど』って。友達じゃねぇよ」

”

友達はいなくてもいい。
まずはなによりも自分自身を大切にし、
適度な距離を保って他者と交流しよう。

“

Practice letting go of expectations for others

教師に期待しない

「尊敬できる先生に会ったことがありますか」

私たちは長年、教師を尊敬し、その指導に全幅の信頼を置くべきだと教えられてきました。多くの人々が教師を人生の指南役とし、その教えに従って成長してきました。

しかし、正直、私は尊敬できるような教師に習ったことはありません。

もちろん、尊敬できる教師は多く存在するでしょう。ただ、そういう教師に当たるかどうかは運任せです。だとしたら、そんな運任せを自分の子どもにやらせられるでしょうか。

とはいえ、私は教師たち個人を責めるつもりはありません。**日本の教育システムそのものが抱えている問題**がここにあります。

私がスタンフォード大学がやっているスタンフォード・オンライン・ハイスクールの星友啓校長の本をプロデュースしている理由もここにあります。教師には期待できないから、**親が情報を取るべき**だと思っているのです。

だから、最先端の情報を多くの親に届けたいと思い、星校長の本のプロデュースをさせてもらっています。実際、私はアメリカで子どもを育てた経験がありますが、日本は極端に学校に頼りすぎている側面が大きい。

その結果、教師たちの責任や労働が重くなっています。そして、そういう状況を見て、教師志望者がどんどん減って、教師の質が下がっていく——。負のスパイラルに陥ってしまっています。

2018年のOECD（経済開発協力機構）の調査によると、日本の教員の週当たり総労働時間は48カ国・地域の中で最長となっています。これは業務の範囲が非常に広いことが原因です。

授業だけでなく部活の顧問や親への対応など。朝から晩まで働かされています。だから、先ほども述べたように私は教師個人を責めるつもりはまったくありません。

ただ、その結果として、**教師の質が下がってきています**。実際、文部科学省の調査によると、公立学校教員採用選考試験の倍率が大幅に低下しています。以前は12～13倍だった倍率が近年では2倍程度にまで下がっています。

倍率の低下によって、平均以下の学力の教員が採用される可能性が高くなるでしょう。実際、偏差値の低い大学を卒業した教員が増えてきています。勉強を教える人なのに勉強ができない、というのは問題でしょう。

これはすべて日本政府が教育ではなく老人医療や介護に財源を使った結果です。OECDの2020年の報告によると、初等教育から高等教育の公的支出がGDP（国内総生産）に占める割合は、日本が2・9％で比較可能な38カ国中37位でした。

もっとわかりやすい数字だと、新型コロナ対策で使った予算は77兆円、GoToトラベルだけでも2兆3700億円と言われているのに、GIGAスクール構想の予算は4600億円でした。

このように日本政府はなぜか老人や医療関係者には手厚く、子どもたちや教師には厳しい政策を取り続けているのです。私は若者向けのコミュニティもやっており、そこに元教師たちも来ます。彼らは最初は志を持って教育現場に行くのですが、絶望して辞めていきます。これが現実なのです。

急速に変化する社会に教師の知識が追いついていないという問題もあります。国立教育政策研究所の調査によると、教師の約70％が「ICTの活用」に不安を感じているといいます。デジタル技術の発展や社会構造の変化により、教師が大学で学んだ知識や指導法が時代遅れになっている可能性が高いのです。

さらに、多くの教師が**最新の科学的知見に基づいた効果的な学習方法を取り入れていない**という問題があります。たとえば、「授業中の板書は効果がない」というのが科学的に証明されているにもかかわらず、いまだに採用している教師も多いです。

どうでしょうか。ここまで過酷な状況にいる教師に期待できるでしょうか。教師に期待できないなら親が知識をつけていくしかないのです。

教師にすべてを求めるのは酷。子どもに良い教育を受けさせたいなら、親が情報を入手し、知識をつけよう。

Practice letting go of expectations for **others**

SNSに期待しない

「SNSはやらないほうがいい」

これは私がSNSを仕事に活用していない人に言っていることです。仕事につながらないならSNSにはデメリットしかありません。

私たちの日常生活に深く浸透したSNS（Facebook、Instagram、X、TikTokなど）のプラットフォームが私たちの時間と注意を奪っています。

多くの人々がSNSを通じて人とつながり、情報を得、自己表現を行っていますが、実際にはSNSは害のほうが大きいです。私は著者活動などをしているので仕事の一部としてSNSを活用しています。

しかし、仕事にまったく関係ない人がSNSをやるべきだとは思いません。しかし、プラットフォーム側は、あの手この手を使って私たちを中毒にしていきます。だからこそ、あえて「SNSに期待しない」と言いたいです。

最大の理由は、SNSが持つ高いリスクにあります。SNSの過剰使用は、**抑うつ症状、不安障害、自尊心の低下など、様々な心理的問題と関連している**ことが明らかになっています。この問題の中核にあるのが、**SNSを通じた他人との比較**です。

ペンシルベニア大学の研究チームが行った調査によると、SNSの使用時間が長いほど、他人との比較頻度が高くなり、それに伴って嫉妬や自尊心の低下といったネガティブな感情が増加することがわかっています。
SNS上では、人々は自分の最も良い面や幸せな瞬間を切り取って投稿しがちです。そのため、他人の生活と自分の生活を比較すると、常に自分が劣っているように感じてしまうのは当然のことです。

他人との比較の問題と同じようなものに、**自己承認欲求の肥大化**があります。カリフォルニア大学ロサンゼルス校の調査によると、SNSの頻繁な使用は、他者からの承認や評価に対する依存度を高める傾向があることがわかりました。

つまり、「いいね」や好意的なコメントを得ることに執着し、それが得られないと自己価値を低く見積もってしまうのです。私でさえ「いいね」の数は気になってしまいます。それほどプラットフォーム側は私たちの特性を理解しているのです。

比較や自己承認欲求は害にはなるが、メリットはまったくありません。特に**内発的モチベーションが生まれないこと**が大きな問題です。「他人より劣っていたくない」『いいね』が欲しい」という外発的モチベーションは長続きしないのです。その結果、仕事もうまくいかなくなり、さらに落ち込むという悪循環に陥っていきます。

私はコンテンツビジネスを教えることも多いのですが、お金のかからないマーケティングの一つとしてSNSの活用を勧めます。その結果、仕事につなげようと始めたのに、いつの間にかメンタルが壊れていく人を見てきました。

また、深刻な問題として、SNS中毒の危険性があります。スマートフォンの普及により、いつでもどこでもSNSにアクセスできる環境が整った現代社会では、SNSへの依存度が急速に高まっています。

常に新しい投稿をチェックし、自分の投稿への反応を確認する。そんな行動が習慣化し、コントロールが効かなくなってしまうのです。

重度のSNS中毒に陥ると、現実世界での人間関係や仕事、学業に支障をきたすだけでなく、**睡眠障害や注意力散漫など、身体的・精神的な健康にも悪影響**を及ぼします。また、SNSを使用していない時間に不安や焦燥感を覚えるなど、依存症特有の症状が現れることもあります。

SNSは常に他者とつながっている感覚を与えてくれますが、それは同時に、一人でいる時間、自分自身と向き合う時間を奪っています。自己内省や創造的思考、真の休息。これらはすべて、一人になる時間があって初めて得られるものなのです。

SNSと距離を置き、一人の時間を作る有効な方法の一つが、「デジタルデトックス」です。これは、意識的にSNSやデジタル機器から離れる時間を設けることを指します。たとえば、週末はSNSを使わない、就寝前の2時間はスマートフォンを触らないなど、自分なりのルールを設けることで、SNSとの健全な距離感を保つことができるのです。

”

デメリットも多いＳＮＳ。
意識的に距離を置き、自分と向き合って、
内省や休息の時間を持とう。

“

行動力と幸福度を高める練習②

- ☑ 一度は親を否定してみる。
- ☑ 親への期待をやめられなければ、物理的な距離をとる。
- ☑ 自分の願望を子どもに押しつけない。
- ☑ 親は子どもに適切な環境を用意する。
- ☑ 教育に関する情報に常にアンテナをはっておく。
- ☑「家族なんだから」は通じない。一人一人の個性を尊重する。
- ☑ 自分を大事にして、他者との関係に執着しない。
- ☑ 仕事につながらないならSNSは極力避ける。
- ☑ デジタルデトックスで一人時間を設ける。

第 3 章

会社への期待をやめる練習

Practice letting go of
expectations for
company

会社

company

への期待をやめたいあなたへ

その1

このまま**いまの会社で働き続けていいのか悩んでいる**あなたは……

p.100

その2

いまの**自分の仕事にやりがいを感じられず、モヤモヤしている**あなたは……

p.106

その3

会社の**上司との関係に悩む**あなたは……

p.112

その4

部下や後輩が育たず、「自分のせいだ」と責任を感じているあなたは……

p.118

その5

ビジネスパートナーと良好な関係を築きたいあなたは……

p.123

その6

会社から評価されていないと不満なあなたは……

p.128

Practice letting go of expectations for company

会社に期待しない

「なぜ、会社がミッションやパーパスを重視するのか？」

それは会社というものが個人の集団だとわかっているからです。社員それぞれ育ってきた環境も違います。当然、価値観も大きく違います。だからこそ、会社はミッションやパーパスといったものを重視しているのです。

つまり、社員同士の価値観が合わない前提で会社があるわけです。にもかかわらず、過度に会社に期待してしまう人もいます。私も経営者の一人であり、社員それぞれの人生に良い影響を与えたいと考えています。

でも、そもそもそこには限界もあります。社員の価値観を理解できる保証はないし、個人を理解することは不可能でしょう。個人に合った仕事をさせたいと思っても、そのような仕事が会社にあるとは限りません。

ここから言えるのは、従業員にとって**本当の意味で価値観が合い、自分の能力を発揮できる会社に入るというのは奇跡に近い**ということです。

だから、過度な期待はしないほうがいいのです。

しかも、いまの時代は安定した雇用はありません。かつての日本では、一度就職すれば定年まで雇用が保障されるという「終身雇用制度」が一般的でした。しかし、グローバル化や技術革新により、そのような安定は幻想となっています。

どんなに良い経営者でも経営が傾けば、雇用を守りきれなくなるのです。経営者なら雇用を守りたいし、ずっと働いてもらいたいと思うのが普通でしょう。もちろん、時には従業員を人とも思っていないような経営者もいるかもしれませんが、それは例外です。

だから、私はあえて、

「会社に期待するな」

と言いたい。私は転職の相談に乗ることも多い。そこでいつも言っているのは、「どんな会社かは入るまでわからない」ということです。マーケティング力を身につけたいから、そういう会社に入りたいという人がいるとします。でも、実際に何をやるかは入ってみないとわかりません。

マーケティングの部署に入れないかもしれないし、そもそもマーケティングといっても多岐にわたるため想像と違ってしまうこともあります。仮に希望の職種につけても、異動もあるし、実際は自分に向いていないかもしれません。

このように会社と従業員の思惑が一致しないのが大前提であることを知っておくべきです。その上で、会社とどう付き合うか。どんな仕事につくにせよ、重要視したいのは**「自分で稼ぐ力」が少しでも身につくかどうか**です。

人生100年時代といわれていて、よほどの成功者でない限り、私たちは長く働く必要が出てきました。つまり、定年後も働き続ける必要があります。おそらく定年という概念もなくなっていくとは思いますが、年を取れば雇用のチャンスは減ります。であれば、**自分で稼ぐ力を身につけておくことが最大のリスクヘッジ**になります。

では、「自分で稼ぐ力」とはなんでしょうか。それは、ずばり**マーケティング力とネ**

ットワーキング力です。マーケティングを知ることで商売の原理原則を学ぶことができます。また、ネットワーキング力を得ることで多くの人脈が手に入ります。

マーケティングの基本は実は昔から変わっていません。確かに、インターネット、SNS、AIの登場などにより、どんどん環境は変わっていきます。しかし、業界で22年以上、生き残ってきて思うのは**マーケティングの原則は変わっていない**ということです。

また、ネットワーキング力は人脈を作る上で不可欠です。私があえてコミュニケーション力ではなく、ネットワーキング力と言っているには理由があります。なぜなら、コミュニケーション力が優れているからといって人脈ができるわけではないからです。

私は正直、コミュニケーション力は低いです。無愛想だし、愛想笑いもできないタイプです。でも、ネットワーキング力のおかげで独立後も12年間は生き残れています。

最後に、会社の選び方について話しておきましょう。これは一貫して言っていることですが、**「誰と」働くかが最重要**です。そして、どのような上司に出会えるか。会社を選ぶときは、どんな会社かとかどんな仕事だとかは気にしなくていい。

とにかく、誰の下で働くかが重要です。私の場合は、28歳のときに入った出版社の上司のおかげでいまがあります。その人がいなければ、本を書くような人間にはきっとなっていなかったでしょう。

会社や仕事内容よりも重視すべきは、「自分で稼ぐ力」を身につけること、そして、「誰と」働くか。

Practice letting go of expectations for **company**

仕事に期待しない

「好きなことを仕事にしたい」

よく聞く言葉です。確かに生きがいや自己実現が可能な仕事につければ最高です。ただ、それはどれくらいの人が可能でしょうか。私はたまたま編集者になり、なぜか自分に合っていたから結果も出ました。

そのおかげでいままでは、こういった文章を書いたりしてお金をもらえています。ただ、最初から本作りや文章を書くことが好きだったかと言えば嘘になります。ただ、振り返れば、なんとなく本や雑誌の周辺で仕事をしていました。

ここまで書いていて思うのは、**すべては偶然の出会いから、結果的に好きな仕事に行きついた**だけです。本書でも何度か書いているように、目的を明確にすることにはデメリットのほうが多いのです。

そしてなにより認識すべきは、今後は「なくなる職業が多い」という現実です。技術革新、特に人工知能（AI）やロボット工学の進歩により、多くの職業が自動化の波にさらされています。オックスフォード大学の研究によれば、現存する職業の約47%が今後10〜20年の間に自動化によって代替される可能性が高いといいます。

このような状況下で、**特定の職業を目指すことは極めてリスクが高い**。なぜなら、いま憧れている職業が10年後には存在していない可能性すらあるのですから。それにもかかわらず、多くの人々が依然として従来の職業観に縛られ、特定の仕事に固執しているように見えます。

自動化の波は、これまで人間にしかできないと思われていた専門職にまで及んでいます。法律家、会計士、医師といった高度な専門知識を要する職業、さらに驚いたことにデザイン、音楽、映像のようなクリエイティブな分野でさえ、その一部はAIによって代替されているのです。

あらゆる職業がなくなり、また新しく生まれます。このサイクルが高速化していきます。その結果、将来的に私たちは平均して生涯に10～15回の職業変更を経験するといいます。そうなると、特定の職業を目指して努力することよりも、**様々な環境に適応できる柔軟性を身につけることのほうが重要**になります。

だから、前述したように、ネットワーキング力が重要なのです。スキルを習得し続けることは当然として、ネットワーキング力が人生を左右するようになります。

私が言うネットワーキング力とは「（自分も含めた）**人と人をつなげる力**」です。話し方といったコミュニケーション力とは違います。ネットワーキング力があれば、口下手でも人脈がいつの間にかできるのです。

ネットワーキング力が高い人の特徴は、コミュニケーションコストが低いことです。私は人間関係にもコストがあると思っていて、これを**コミュニケーションコスト**と呼んでいます。当然ながらコミュニケーションコストが高い人は嫌がられます。

コミュニケーションコストが高い人というのは、簡単に言うと「なかなか伝わらない人」です。懇切丁寧に説明しないと理解してもらえないような人はコストが高いとみなされます。一方、何も言わなくても伝わるような人もいます。

相手が何を求めているか理解して、言われる前にやってしまうような人です。こういう人は**コミュニケーションコストが低くて優秀な人**ということになります。

誰だってコミュニケーションコストが高い人よりは低い人と一緒にいたいものです。必然的にコストが低い人は引く手数多になっていきます。その結果、どんどん仕事も増えていくし、どんどんチャンスもくるでしょう。そうなると、結果が出る可能性も高くなっていきます。

最後にコミュニケーションコストを下げるコツを伝えておきます。

一つ目は「**即レス**」。これを徹底的に習慣化することから始まると言ってもいいくらいです。

二つ目は「**リマインド」の徹底**です。前日か当日にリマインドするだけで仕事ができると思われます。

三つ目は「**即報告**」です。「アドバイスを受けたとき」や「人を紹介してもらったとき」などは、行動した結果をお礼とともに報告しましょう。

以上を意識していくことで、コミュニケーションコストが低い人になることができます。なぜなら、相手から「どうなっているの？」という確認をもらう前に動いて、報告できるようになるからです。相手からしたら、こんな楽な相手はいません。「言わなくても勝手にやってくれている人」ほど重宝する存在はいないのですから。

特定の仕事、職業を目指すことはリスクが大きい。柔軟性とネットワーキング力で、仕事とチャンスを引き寄せよう。

Practice letting go of expectations for **company**

上司に期待しない

「誰と働くかが重要」

これは私がいつも言っていることです。ここでいう「誰と」の大半は上司のことです。前述したように、私は28歳のときに就職した出版社で良い上司に出会えました。そのおかげでいまがあります。つまり、どんな上司と出会えるかで人生が決まるのです。

逆に、最悪な上司に当たれば、人生が壊されることもあります。上司のせいで適応障害になったり、社会復帰ができなくなったみたいな話はよく聞きます。これもある意味、上司に人生を決められたわけです。

とはいえ、上司は選べません。就職や転職の際、私たちは会社や仕事内容は選べても、直属の上司を選ぶことはほぼ不可能です。たとえ入社時に良い上司に恵まれたとしても、人事異動や組織改編により、突然新しい上司の下で働くことになるかもしれません。

つまり、私たちは常に**「与えられた上司」と働く覚悟を持たなければならない**のです。この現実は、多くの人にとってストレスの源となります。

「もし別の上司だったら」「あの部署の上司のほうが良かった」といった思いは、現状への不満を募らせ、仕事へのモチベーションを低下させせかねません。しかし、上司を選べないからこそ、どう対処するかを考えるべきでしょう。

また、上司は変わる可能性が高い。人事異動による上司の交代は、多くの組織で定期的に行われます。これは、組織の活性化や人材育成のために必要な施策ですが、部下にとっては大きな環境の変化となります。

そして、なにより「上司も人間」だということです。同じ上司でも、その態度や方針は常に一定ではありません。組織の状況、上層部からの圧力、個人的な事情など、様々な要因により上司の言動は変化します。

つまり、上司もあなたもたいして変わりません。私も部下には「オレに期待すんな」といつも言うようにしています。たまたま役職が上なだけで、人間的な優劣とは関係なく、期待されるほうが迷惑だからです。怠惰な部分もあるし、言動が変わることもあります。人間なんて、そんなものでしょう。

このように、上司に過度の期待をかけることは意味がありません。では、どのようなスタンスで上司と向き合えばいいのでしょうか。

私は二つしか方法がないと考えています。一つ目は**適切な距離感を保つ**ことです。二つ目は**会社とは違うコミュニティに複数参加する**ことです。

まずは適切な距離感を保つことについて説明します。幸いなことに、社会もパワハラに厳しいです。仕事さえきちんとこなせていれば、文句を言われる筋合いはありません。

ただ、稀に高圧的な上司がいる場合もあるでしょう。この場合は、**上司を変えてもらう努力をしましょう**。会社の人事に異動を希望するなり、まずは会社でやれることをやります。それでも無理なら、その会社は辞めてしまいましょう。

今後も日本は労働力不足が続くので、職につけない心配はありません。あまりにも会社の対応が酷ければ、辞めるのも手です。もしあなたが20代なら、就職なんかしないでいくつものアルバイトを掛け持ちして、たくさんの経験を積んでみるのもいいでしょう。

また、複数のコミュニティに入ることもお勧めです。これはメンタルのためです。日本社会は同調圧力が強く、メンタルに悪い影響を与えます。だから、メンタルを病む人が続出しがちです。上司が合わない場合は当然、職場環境もきつくなります。

前述したような上司を変えることができない場合も多いでしょう。その場合は、会社以外のコミュニティに複数参加することを勧めます。**人は一つのコミュニティにいるだけだと、どうしても息苦しくなります**。

そして、そのコミュニティで嫌なことがあれば、「人生が絶望的だ」くらいに感じてしまいます。ところが、複数のコミュニティに参加していれば、一カ所でダメでも別の所があると思えます。実際、私の場合は複数のプロジェクトに関わっているので、いつもメンタルは安定しています。

このように、人は複数のコミュニティに所属することで、メンタルの安定を図れるのです。また、私のように若者向けコミュニティ、起業コミュニティ、著者コミュニティというように自ら主催するのもお勧めです。

AIがどんどん社会に浸透していく中で、間違いなく人とのつながりが重要になってきました。人はつながりを求める生き物でもあります。今後は、いろいろな種類、いろいろな単位でのコミュニティが増えていくでしょう。

上司と適切な距離感を保ち、複数のコミュニティに参加することで、メンタルを安定させよう。

Practice leting go of expectations for **company**

部下に期待しない

「部下を育てることはできない」

これが私の結論です。私の能力不足なのかもしれません。しかし、あえて言えるのは**人を育てることはできない**ということです。上司は、部下が自ら成長したいと思えるような環境を作ることしかできないのです。

私が独立をした理由の一つにマネジメントが嫌になったということがあります。いつも部下や後輩に「どうしてできないのか」と不満を感じていました。当時は本気でそう思っていましたが、いまとなっては自分と能力も価値観も違うのだから仕方ありません。

マネジメントの難しさは、まさにこの「**理解できない**」というところにあります。私たちは自分の経験や価値観を基準に物事を判断しがちです。しかし、部下一人一人が異なる背景、経験、価値観を持っていることを忘れてはなりません。

「部下を育てることはできない」という結論に至った背景には、自分自身のメンタルヘルスを守るという側面もあります。常に部下の成長に心を砕き、「なぜできないのか」と悩み続けることは、極めて大きな精神的負担となります。

私自身、かつては「良い上司」になろうと必死でした。しかし、そのような努力が実を結ぶことは稀で、多くの場合は自分の期待通りの結果が得られませんでした。その過程で、自分自身が疲弊していくのを感じました。

このような経験から、「**自分のメンタルの安定を優先する**」ことの重要性に気づいたのです。部下の成長に一喜一憂するのではなく、自分自身の心の健康を第一に考えます。これは、決して利己的な考えではありません。自分が健康でなければ、部下にも良い影響を与えることはできないからです。

では、「部下を育てることはできない」と認識した上で、上司に何ができるのでしょうか。その答えは、「**心理的安全性を確保すること**」にあります。心理的安全性とは、チームのメンバーが互いを受け入れ、尊重し合える環境のことを指します。

この心理的安全性を確保することこそ、上司の最も重要な役割だと私は考えています。なぜなら、心理的安全性が確保された環境では、**部下が自ら成長しようとする意欲が高まる**からです。

たとえば、失敗を厳しく叱責するのではなく、それを学びの機会として捉える姿勢を示します。また、部下の意見を真摯《しんし》に聞く姿勢も重要です。さらに、多様性を認め合う環境を作ることも大切になります。

心理的安全性を確保することで、部下は自然と成長していく可能性があります。上司が一方的に「育てよう」とするのではなく、**部下が自ら学び、成長できる環境を整えることが重要**なのです。

このアプローチは、上司自身のストレスも軽減します。部下の成長に全責任を負うのではなく、成長のための環境を整えることに注力すればいいのです。結果として、部下が思うように成長しなくても、自分を責める必要はありません。

結果的に部下が育ってくれてラッキーくらいの気持ちでいることが重要です。むしろ、この認識こそが、より効果的なマネジメントの出発点となります。部下を一方的に「育てよう」とするのではなく、部下が自ら成長できる環境を整えます。そして、その過程で自分自身のメンタルヘルスも大切にします。

上司ができることは、「育てる」ことではなく、**「育つ環境を作る」**こと。この視点の転換こそが、現代のビジネス社会で求められるリーダーシップなのではないでしょうか。

上司の役目は部下が自ら学び、成長しようとする環境を作ること。自分のメンタルヘルスのケアも忘れずに。

Practice letting go of expectations for **company**

同僚に期待しない

「同僚に相談するな！」

これはぜひ覚えておいてください。確かに、同じ職場で働く仲間として、業務上の相談をすることは自然なことです。しかし、より深い悩みや将来のキャリアに関する相談となると、同僚は必ずしも最適な相談相手とは限りません。

なぜなら、同僚は往々にして同じ環境、同じ制約の中で働いているからです。彼らもまた、あなたと同じような視点や価値観を持っている可能性が高い。そのため、新しい視点や斬新なアドバイスを得ることはできません。
このような理由から、より深い悩みや重要な決断に関しては、会社の外に相談する人を持つべきです。外部の人間は、**あなたの職場環境や会社の文化から離れた客観的な視点を提供してくれます。**

では、どのような人を相談相手として選べばいいのでしょうか。ここで重要なのは、**自分の理想とする生き方をしている人を選ぶこと**です。単に成功している人や地位の高い人ではなく、あなたが「こんな生き方がしたい」と思える人を見つけることが大切です。

たとえば、ワークライフバランスを重視したい人なら、仕事と私生活を両立させている人を選ぶといいでしょう。起業を考えている人なら、実際に起業して成功している人の話を聞くことが有益です。また、グローバルなキャリアを目指す人なら、海外で活躍している人をメンターとして選ぶのも良い選択です。

このような外部の相談相手を持つことで、より広い視野と新しい可能性を見出すことができます。彼らの経験や知恵は、あなたのキャリアや人生の選択に大きな影響を与えるかもしれません。

また、同僚に期待しないことで、あなたは彼らの行動や言動に一喜一憂することなく、自分の仕事に集中できます。また、**同僚の失敗や短所を許容する余裕も生まれます**。これは、職場の雰囲気を良くし、チームワークを向上させることにつながります。

古いカルチャーを持つ日本の会社では、「社員は家族」のような風潮を押しつけがちです。私はそこにビジネスやお金が介在する以上、家族や友達感覚は持つべきではないと思っています。

なぜなら、そのような感覚を持った瞬間から甘えが生まれるからです。ビジネスである以上、プロ意識は不可欠です。

実際、私はビジネスパートナーとはプライベートでは会いません。本当に多くの人に恵まれているので、付き合いが10年以上になるビジネスパートナーも複数います。でも、プライベートでは会わないようにしています。

だから、**長く良い関係が築けている**と思っています。人は慣れてくるとプロ意識を忘れて付き合い始めます。それ自体は悪いとは思いませんが、ビジネス関係は長く続かないでしょう。

編集者時代はベストセラーにならない限り、その著者とは一生関わらないと決めていました。だから、好きな著者ほど必死になります。同僚ともランチに行ったり、飲みに行ったりすることも避けていました。

話を同僚に戻すと、彼らもビジネスパートナーです。そして、将来、会社を卒業した後にビジネスパートナーとして再会することもあるでしょう。私の場合は、いまでも会社員時代の同僚とビジネスをすることが多くあります。

　これはプロ意識を持って付き合っていたから可能なことです。私は「**人生は出会いで決まる**」といつも教えています。なんの縁かわからないが、同じ会社で働いているのなら、そこから良い縁が生まれることもあります。

　だから、過度な期待をせずに、プロとして付き合っていきましょう。相談もしなくていいし、ランチに行かなくていいし、飲みにも行かなくていい。そんな時間があるなら、外部の人に会ったり、学びに使いましょう。


ビジネスパートナーとして、同僚ともプロ意識を持って付き合う。私的な相談は会社の外で行おう。

社内の評価に期待しない

「正当な人事評価はできない」

人事評価は難しいものです。評価する人、評価される人の特性や相性に左右されるからです。正当な評価などできません。であれば、そこに期待しないほうがいいのです。時には不当なもの、納得いかないものもあるでしょう。

とはいえ、多くの人にとって、社内での評価は大きな関心事です。昇進や昇給、さらにはキャリアの方向性までも、この評価によって左右されると考えている人も少なくありません。

私も経営者なのでフェアな評価をしたいと思っています。ほかの経営者も同じでしょう。多くの企業が公平な評価システムの構築に努めていますが、**完全に客観的で公平な評価を行うことは、実質的に不可能**といえます。なぜなら、評価する側も人間であり、その判断には必ず主観が入り込むからです。

たとえば、同じ成果を上げた二人の社員がいるとしましょう。一方は上司の目の前で長時間働いていますが、もう一方は効率的に仕事をこなし、早めに帰宅しています。この場合、前者のほうが高い評価を得やすかったりします。これは、「頑張っている姿」が目に見えるからです。しかし、実際の生産性や効率性を考えれば、後者のほうが優れているかもしれません。

また、評価は好き嫌いで決まる面も大きい。これは誰もが認めたくない事実かもしれませんが、人間関係が評価に影響を与えることは否定できません。上司と良好な関係を築いている社員のほうが、そうでない社員よりも高い評価を得やすい傾向にあります。

このような現実を踏まえると、**社内の評価に一喜一憂することに意味がない**ことがわかります。高い評価を得られなかったからといって自分の価値を疑う必要はないし、逆に高い評価を得たからといって、それが絶対的な自分の価値を示しているわけでもありません。

そこで、私が提案したいのは、**社外評価**です。いまは同じ会社に一生いるような時代ではありません。つまり、どんどん転職していくような働き方が当たり前になります。

社外評価でいえば、業界内での評判を得ることを意識します。私の場合は、出版社で編集者として働いていたときに、ベストセラーを連発しました。その結果、スカウト会社を通じて、複数の会社からオファーをもらえました。

この経験は私にとっては大きく、自信が持てるようになったことを覚えています。結果的には私は転職ではなく、会社内で違うポジションをもらえました。これはベストセラーという**客観的な数字があったことが大きかった**です。

いまの仕事で客観的な数字が示せる場合は、そこに徹底的にこだわりましょう。わかりやすいのは、営業成績などです。できる限り具体的で測定可能な指標を持つことが重要です。いまの職場では客観的な数字を出せないようであれば、転職を考えたほうがいいでしょう。

また、お客様からの評価も重要です。飲食店などがわかりやすい例でしょう。お客様から見たときに「あの人はよく働く」と思われれば、仕事に誘われる可能性があります。私も飲食店では、店員の動きをつい見てしまいます。きっと、同じような経営者もいるはずです。

では、社外と一切関わらない仕事をしている場合はどうすればいいか。ずばり、**転職を勧めたい**です。もしくは、仕事以外で会社ではないコミュニティに積極的に入っていきます。そこでの出会いが人生を変えることもあります。

たとえば、ある人のセミナーに参加し、そこでの動きが評価されて、セミナー講師の会社に就職するなんて話はよく聞きます。実際、私の知っている人は、その結果、副業で1億円以上の収益を上げています。

結局は、自分の市場価値をどう上げるかです。それが、すなわち社外評価であり、そういう視点で仕事に向き合うことが重要なのです。**社内の評価に期待しないことで、より良い仕事ができるようになる**のです。社内評価を気にするあまり、上司の顔色をうかがったり、短期的な成果に走ったりするのではなく、本当に価値のある仕事に集中できるようになるからです。

”

社内評価に一喜一憂せず、
社外評価を意識することで、
自分の市場価値を上げていく。

“

行動力と幸福度を高める練習③

☑ 大前提として、会社と自分や社員同士の価値観が違うことを知る。

☑ マーケティング力とネットワーキング力を身につける。

☑「即レス」「リマインド」「即報告」を徹底し、コミュニケーションコストを下げる。

☑ どんな会社で働くかよりも、誰と働くかを重視する。

☑ 上司とは適切な距離感を保ち、会社外の複数のコミュニティに参加する。

☑ 部下には自ら成長したいと思える環境を提供する。

☑ 自分自身のメンタルの安定を優先する。

☑ 同僚ともプロ意識を持って付き合う。

☑ 社外の評価を意識して、仕事の質を高め、自分の市場価値を上げる。

第 4 章

お金への期待をやめる練習

Practice letting go of expectations for **money**

お金

money

への期待をやめたいあなたへ

その1

お金さえあれば幸せになれる
と信じているあなたは……

p.138

その2

お金の問題は投資が解決してくれる
と考えているあなたは……

p.143

その3

とにかく会社で頑張って給料を上げるべき
というあなたは……

p.148

その4

老後は年金があるから大丈夫

と思っているあなたは……

p.154

その5

貯金は大切。

「借金なんてあり得ない」

というあなたは……

p.159

その6

多少無理をしても、

節約は大事

と思っているあなたは……

p.165

Practice letting go of expectations for **money**

お金に期待しない

「お金に価値はない」

「お金さえあれば幸せになれる」と思っている人は意外と多いようです。だからなのか、「月収100万円になりたい」といった言葉をよく聞きます。しかし、実際にはお金自体には価値がありません。

そもそも、お金は単なる紙切れや金属にすぎません。それ自体は食べることもできないし、身につけて暖を取ることもできません。お金の価値は、社会的な約束事として存在しているにすぎないのです。

歴史を遡れば、お金の形態は時代とともに変化してきました。貝殻や石、金や銀、そして現代の紙幣や電子マネーまで、その形は多様です。しかし、どの時代においても、お金自体が直接的な価値を持っていたわけではありません。

お金の価値は、**それを使って何かを得られるという可能性**にあります。つまり、お金は単なる交換の媒体でしかないのです。ところが、なぜかそれを保存することで豊かになるような仕組みができあがってしまいました。

これが現在の世界を支配する金融システムです。その結果、富の格差ができ、権力が生まれました。そして、いまでも世界で戦争が起こっています。陰謀論を展開したいわけでもなく、これが人類の歴史です。

だからといって、現在のシステムに反抗しろと言いたいわけではありません。お金自体に価値がないわけですから、目的にはならないということです。あくまでも**何かをするための手段**にしかなりません。

つまり、お金に意味があるとすれば、その使い方にあるのです。ここを勘違いすると、そもそも人生がおかしくなっていきます。

また、「**お金があっても幸せにはなれない**」という点も科学的に証明されつつあります。確かに、極度の貧困状態では基本的な生活ニーズさえ満たせず、幸福を感じることは難しいでしょう。しかし、ある程度の生活水準を超えると、お金と幸福度の相関関係は急激に低下します。

有名な研究ですが、アメリカでは年収7万5000ドル（約1000万円）を超えると、それ以上の収入の増加が幸福度に与える影響はほとんどないといいます。

つまり、基本的な生活ニーズが満たされ、ある程度の余裕が生まれた後は、お金が増えても幸福度はあまり変わらないのです。実際、経済的に恵まれている人でも、うつ病や不安障害に悩む人は少なくありません。彼らの例は、お金だけでは真の幸福は得られないことを如実に示しています。

これらからわかることは、**お金を稼いだだけでは幸福にはつながらない**ということです。むしろ、お金の使い方こそ幸福につながる可能性が高そうです。ただ、単に物を購入するだけでは一時的な満足感は得られても、長期的な幸福にはつながりにくいとされています。

また、お金の使い方には大きく分けて二つあります。一つは「**物質的な購入**」、もう一つは「**経験の購入**」です。この二つを比べたとき、物質的な購入よりも経験の購入のほうが長期的な幸福感につながりやすいという研究結果も多い。

つまり、お金は物より体験に使うべきなのです。高価な車や最新のガジェットを購入するよりも、家族や友人との旅行や、新しいスキルを学ぶための教育に投資するほうが、より大きな満足感と幸福感を得られる可能性が高いのです。

さらに私の経験上、お勧めしたいのは他者への寄付や社会貢献活動にお金を使うことです。彼らの研究によれば、他者のために使ったお金のほうが、自分のために使ったお金よりも大きな幸福感をもたらすといいます。

結局、お金には価値はありません。だから、ひたすら貯めたり、物を買うのではなく、もっと体験にお金を使っていきましょう。そこで初めて、お金に意味が出てきます。あくまでも体験をするためのツールなのですから。

「経験の購入」に使ってこそ、お金に価値が生まれ、幸福度と満足感を得ることができる。

投資に期待しない

「投資は10億円から」

これは私が編集者時代に担当著者だったプライベートバンカーから聞いた話です。

つまり、10億円あって初めて、まともな金融商品を紹介してもらえるというのです。

また、私が主催する出版塾に来ていた外資系金融を渡り歩いてきた人も、プロがいる世界で素人が投資をしても勝てないと言っていました。

ところが、最近の日本では「新NISAを活用して投資を始めよう」というようなフレーズで、国民に投資を促しています。SNSなどでは、「FIREしよう」などと投資で成功したと称する人が投資を教えるスクールを運営していたりします。

私はこういう風潮はとても危険だと感じています。私はいまから20年以上前に株式投資をやっていました。当時は知識もなく、順調に負けていました。その後、出版社に入り、金融関係のベストセラーを次々と出していく中で、専門家との付き合いも増えていきました。

そこで感じたのが、**素人が無闇に手を出すべきではない**ということです。確かに投資でうまくいく人もいるかもしれません。ただ、それは少数です。

ウォーレン・バフェットやジョージ・ソロスのような伝説的投資家は広く知られていますが、彼らはあくまで例外中の例外です。大多数の投資家は、市場平均を下回るパフォーマンスしか出せていないのが現実です。

ダートマス大学とシカゴ大学の研究によれば、プロの投資家でさえ、長期的に市場平均を上回るパフォーマンスを出し続けることは極めて困難だということです。この**効率的市場仮説**によれば、市場価格にはすでにすべての情報が織り込まれているため、一貫して市場を出し抜くことは不可能だというのです。

そんな中、各種株式指数をもとに運用するインデックス投資が注目を集めています。市場全体の動きに連動する投資信託に資金を投じることで、少なくとも市場平均のリターンは得られるという考え方です。

確かに、過去のデータを見れば、長期的にはインデックス投資が堅実なパフォーマンスを示してきたことは事実です。しかし、インデックス投資も過去はうまくいったが、**将来はどうなるかわからない**という点を忘れてはなりません。

また、私は投資詐欺にあう人が多いことも懸念しています。私は「**人生は、時間、能力、人脈、お金の順番で攻略するべき**」と教えています。ところが、「お金があれば幸せになれる」「投資するべき」のような風潮のせいで、いきなりお金を攻略しようとする人がいます。

そういう人が金融詐欺の餌食になるのです。しかも、驚くことに自分でそれなりに事業で成功したような人すら餌食になっているのをよく見ます。それくらい投資というのは難易度が高いのです。

どの世界にもプロがいます。特に金融投資は**プロがいるから素人は勝てない**。ウォール街やシティのヘッジファンドや投資銀行には、高度な数学的知識を持つ天才たちがいて、最先端の技術を駆使して日々市場分析を行っています。彼らと同じ土俵で勝負することは、アマチュアボクサーがプロのヘビー級チャンピオンに挑むようなものです。

結局、50年以上生きてきた私の結論は、**自分への投資が手堅い**ということ。まずは、知識と経験に投資します。その結果、金融資産が1億円以上になったら、なんらかの投資を考え始めればいいでしょう。その場合もあくまでも余剰資金での運用です。

最後に保険についても触れておきます。これも無駄な保険に入っている人が多い。小さい子どもがいる人には必要だと思いますが、それ以外の人に生命保険は必要ありません。せめて掛け金の少ない入院保険に入る程度でいいでしょう。

何度も言いますが、お金はあくまでも手段です。目的にはなり得ません。だから、お金を増やすことを考える前に、自分の能力を高めるために時間を使いましょう。時間、能力、人脈、そしてその後に、結果的にお金がついてくるというだけだからです。

金融投資に無闇に手を出すより、自分の知識と経験に投資しよう。お金は後からついてくる。

給料に期待しない

「給料は上がっても手取りは上がらない」

日本の給料は体感的にアメリカの半分以下です。アメリカの大学生はインターンでも月収100万円を超えているくらいです。

30年間のデフレが終わり、日本もおそらくインフレになっていくでしょう。少子高齢化から人手不足が深刻になることも確実です。だとするなら、給料は緩やかに上がっていくことが予想されます。
ただし、社会保険料が問題です。日本は、社会保険料がどんどん上がっています。税金を上げにくいからか、社会保険料が勝手に上がり、ここ30年間で個人負担と法人負担を合わせた料率は10％から30％に上がっているのです。

私は経営者でもあるので、社員分の社会保険料も負担しているからよくわかります。たとえば、給料が20万円の人の場合、会社は約24万円支払うことになります。つまり、会社がプラスで4万円負担しているわけです。
さらに、残りの20万円から4万円が引かれて、社員の手取りになります。もちろん、所得税なども含めてですが、シンプルに考えるとこれが手取りのからくりです。会社側から見たときに給料が上がっても、**社会保険料が上がっていく限り、手取りは上がりません。**

高齢化が進み、医療費や介護費が毎年膨らんでいくのが原因です。もはやこの状態は悪化していく一方でしょう。これが現実です。

また、こういう現状がなかったとしても、**給料に頼るのは危険**です。なぜなら、給料は他人が決めるという厳然たる事実があるからです。どんなに頑張っても、最終的に給料を決定するのは会社や上司という他人です。

つまり、自分の努力や成果が必ずしも公平に評価され、給料に反映されるとは限らないのです。終身雇用制度も崩壊しているわけですから、いつクビになるかすらわかりません。

加えて、日本でもジョブ型雇用が広まりつつあることも、給料の上昇を難しくしている要因となっています。従来の日本型雇用では、年功序列や終身雇用を前提に、勤続年数とともに給料が自動的に上がっていく仕組みが一般的でした。

しかし、ジョブ型雇用では、職務内容と給与が明確に紐づけられます。つまり、同じ仕事を続ける限り、給料が勝手に上がっていくことはないのです。

このような状況を踏まえると、給料に期待することの危険性が見えてきます。給料の上昇だけを目標にすると、仕事の本質的な価値や自己成長の機会を見失う可能性があります。また、給料が思うように上がらないことでフラストレーションがたまり、モチベーションの低下につながることもあるでしょう。

では、どのようなアプローチを取るべきでしょうか。結論から言えば、給料に期待せずに、**自分で稼げるようになるしかない**のです。これは、決して会社を辞めて起業しろということではありません。むしろ、会社員としての立場を維持しつつ、自分の市場価値を高め、収入を自らコントロールできる状態を目指すということです。

そこで、重要になるのが**パーソナルブランディング**です。社内でも社外でも自分が何者であるかを示す必要があります。その結果として、重要なポジションが与えられたり、場合によってはスカウトによる転職も可能になります。

私も会社員だった頃、編集者として圧倒的な実績を出したことで、他社からのスカウトがくるようになりました。その結果として、社内で交渉して、給料を上げてもらったことがあります。

いまならSNSなどを通じて情報発信をして、パーソナルブランディングをしていきます。自己承認のためではなく、パーソナルブランディングのためにSNSをやります。

そして、いろんなネットワークを築くことで、自分の市場価値を上げるのです。市場価値というのは、どの市場にいるかで決まります。

いま自分がいる市場での価値が50だとしても、別の市場にいけば100なんてことが起こります。50代の正社員での転職は難しくても、顧問紹介会社に登録したら引く手数多だったという例もあります。

つまり、パーソナルブランディングを通じて、自分の価値を上げつつ、一番、自分が高く売れる市場を狙うことがこれから重要になってくるのです。

”

他人に決められる給料に頼るのは危険。パーソナルブランディングで自分の価値を高め、収入をコントロールできるようになろう。

“

Practice letting go of expectations for **money**

年金に期待しない

「老後はない」

いまの日本の状況なら死ぬまで働く覚悟が必要です。普通の会社員なら、年金はもらえても月数万円程度になるかもしれません。それでは生活できません。それどころか、人生100年時代といわれていて、60歳の定年からさらに40年間生きる可能性もあります。

仮に22歳で社会人になったなら、定年までとほぼ同じ期間を定年後に生きることになります。当然ながら、**年金が少ないなら働き続けるしかない**でしょう。もちろん、場合によっては生活保護に頼るという手もあります。

ただ、少子高齢化が進む日本において、どこまで生活保護が維持されるかはかなり疑問です。社会保険料がどんどん上がったとしても、それを上回る勢いで社会保障費が上がっていくことになります。

この状況を詳しく見ていきましょう。日本を含む多くの先進国では、少子高齢化が急速に進行しています。これは、年金制度の根幹を揺るがす重大な問題となっています。

日本の場合、2019年時点で65歳以上の高齢者人口は総人口の28・4%を占めており、2065年には38・4%にまで上昇すると予測されています。一方で、生産年齢人口（15～64歳）は減少の一途をたどっています。これは、年金を支払う側の人口が減少し、受け取る側の人口が増加するという、**年金制度にとって最悪のシナリオ**です。

この人口動態の変化は、年金制度の持続可能性に大きな疑問を投げかけています。現在の若い世代が老後を迎える頃には、年金給付額が大幅に減少しているか、あるいは受給開始年齢が引き上げられている可能性が高い。最悪の場合、年金制度そのものが崩壊している可能性すら否定できません。

このような状況下で、年金に過度の期待をかけることは非常に危険です。しかし、多くの人々は依然として「年金があるから大丈夫」という楽観的な考えを持っています。これでは、将来の経済的困難を招く可能性が高いです。

では、どうすればいいのでしょうか。答えは、**「年金に期待しない」という姿勢を持ち、自らの力で老後の経済的安定を確保すること**です。具体的には、自分で稼ぐ力を持つことです。

そのために重要な点は二つです。まずは、**なんらかの専門知識を身につける必要**があります。多くの人がスキルを身につけようとしがちですが、スキルはどんどん古くなります。だから、専門知識をつけて、それを教えられるようになるのがいいです。たとえば、陶芸などの趣味を極めるのがいいでしょう。陶芸のような体験はＡＩでは代替できないからです。盆栽でもいいです。なるべく趣味的なもので、ＡＩに代替されないものがいいでしょう。私はコンテンツ＋体験価値がビジネスになりやすいと教えています。

そして、もう一つ重要なのが**ネットワーキング**です。あまり使いたくありませんが、人脈と言い換えてもいいでしょう。ＡＩがどんどん社会に浸透していく中で、今後はより「誰とつながっているか」が重要になります。日本にいる限り、経済的な成功はなかなか難しいわけですが、お金と幸福度は関係ないことは前述した通りです。

幸福度に関係するのは、**良い人間関係**です。これからの時代は何歳になっても、仕事や顧客を紹介してもらえるような人間関係を持つことが、人生100年時代に働き続ける秘訣です。

これを**社会関係資本**ともいいます。社会関係資本とは、人と人の関係性を資本として捉える考え方のことです。私は金融資本よりも社会関係資本を豊かにするほうが、生き残れる可能性は高いと考えています。

そのためにもパーソナルブランディングを確立し、あらゆるネットワークを持つことが重要だと考えます。

年金制度にとって最悪のシナリオが待ち受ける。専門知識とネットワーキングを駆使して、老後の経済的安定を確保しよう。

貯金に期待しない

「借金をしろ！」

私たちは長い間、「貯金は美徳」という考え方に慣れ親しんできました。特に日本では、倹約と貯蓄の精神が深く根付いており、多くの人々が将来の安定のために貯金を重視してきました。

しかし、私はむしろ「借金をしろ」と言っています。現在の資本主義においては、

借金ができるほうが有利なのです。実際、この原稿を書いている時点で、私の借金は5億円を超えているくらいです。

そもそも現金には価値がありません。特にインフレの状況下においては、どんどん価値が下がっていきます。インフレとは、一般的な物価水準が持続的に上昇する現象を指します。つまり、同じ金額で購入できる商品やサービスの量が時間とともに減少していくのです。

たとえば、10年前に300万円を貯金したとします。その当時は高級車の頭金として十分な額だったかもしれません。しかし、10年後の今日、その300万円の購買力は明らかに減少しています。同じ高級車を購入しようとすれば、より多くの金額が必要になるわけです。

しかも、日本は国際的にも存在感が薄れてきており、将来的に円安傾向になっていく可能性が高い。さらに、前述したように給料、特に手取り金額が増えません。本来、インフレであれば、給料も上がっていかなければなりませんが、日本は構造上、なかなか給料が上がりません。

そもそも可処分所得が少ない中で、貯金をしようとしても微々たる額にしかなりません。さらに、日本銀行の長期にわたる金融緩和政策により、**日本の金利は世界的に見ても極めて低い水準**です。これは、単純な預金では実質的にほとんど利息を得られないことを意味します。

たとえば、100万円を普通預金に預けたとしても、年利0・001%程度では、1年後の利息はわずか10円です。これでは、インフレによる価値の目減りを補うことはおろか、ATM手数料すら賄えません。

このような状況では貯金をするという意識は捨てたほうがいいでしょう。むしろ、借金をしてでも、新しい知識や体験に投資するべきなのです。その結果、**普通預金の利息をはるかに上回るリターンを手に入れる可能性が高くなる**のです。

私の場合は、積極的に**海外での体験**に投資してきました。アメリカに移住するためにかかったコストは相当大きかったです。日本との二拠点生活の中で家賃は二重にかかり、往復の飛行機代など毎月の出費はきつかったです。

しかし、その結果、海外の教育に触れる機会に恵まれました。もし日本でだけ生活していたら、海外の教育に興味を持つことはできなかったでしょう。また、いま私がやっている教育事業もなかったでしょう。

そもそも毎月数万円の貯金をしたところで、貯まる金額はたかがしれています。さらに、前述した通り、投資に回したところで同じです。

だから、私はあえて、借金をするべきだと伝えているのです。**借金をすることで、現在自分が持っているお金以上の知識や体験を得られます。**借金というのは未来の先取りです。住宅ローンを考えれば、わかりやすいでしょう。

住宅ローンはお金を貯めてから家を買おうと思えば、30年後になってしまうところを借金することで先取りする仕組みです。つまり、「住宅ローン」という名前の借金です。同じように、奨学金もお金を貯めてから学校に行くのではなく、借金をして学費を払う仕組みです。

私たちは「住宅ローン」「奨学金」には抵抗がないのに、なぜか借金には抵抗があったりします。でも、借金はあくまでも未来の先取りでしかありません。だから、積極的に活用していくべきなのです。

むしろ、借金を自分の人生に活用することで、どんどん人生を加速させていくべきです。しかも、日本は世界的に見て超低金利の国の一つです。つまり、日本人であれば借金がより有利になっていくのです。

”

貯金をするメリットが少ない中、借金によって未来を先取りすることで、多くのリターンを得ることができる。

“

Practice letting go of expectations for **money**

節約に期待しない

「節約は貧乏への道だ！」

日本社会では「倹約は美徳」という考え方が根強い。子どもの頃から「無駄遣いをするな」「将来に備えて節約しなさい」といった教えを聞かされてきた人も多いはずです。それを言っている人でお金持ちを見たことがあるでしょうか。

そもそも、日々の生活の中でコーヒーを一杯控えたり、お昼ご飯を手作りにしたりと、小さな節約を心がけてもさほど意味はありません。現実的に考えて、これらの小さな節約によって貯まる金額に、人生を大きく変えるほどのインパクトはありません。

たとえば、毎日500円のランチを200円で自炊することで300円節約したとします。これを1年間続けても、節約額は約11万円です。そのために自炊する時間を考えると無駄と言ってもいいでしょう。

もちろん、料理が好きな人は別です。自炊自体がストレス発散になり、精神的に良かったりもするでしょう。ただ、それが節約のためだけなら考えたほうがいいでしょう。

このように節約は、**その金額以上に時間を食うものが多い**のです。たとえば、移動も同じ。新幹線に乗るのを節約して、在来線だけで移動すれば相当な時間がかかるでしょう。海外に行くときも直行便ではなく、乗り継ぎ便で行けば金額の節約はできます。

しかし、乗り継ぎ便は時間がかかるだけでなく、ロストバゲージになる可能性が一気に上がります。だから、私はよほどのことがない限り直行便を選びます。ロストバゲージになれば、航空会社とのやりとりに時間がとられる上に、最悪、荷物が戻ってこないこともあります。

お金をケチることで、時間を食う行為は必ず人生に災いをもたらします。むしろ、買える時間は積極的に買っていくくらいでいいのです。私がタクシーに乗るのも、グリーン車に乗るのも、移動中に仕事をするためです。

人によっては家事代行にお金を使ってもいいでしょう。その分、自分で使える時間が生まれます。こうやって積極的に買える時間はどんどん買っていきます。

なぜなら、人生において一番重要なのは時間だからです。だとするなら、買える時間を買うのは戦略としては間違いなく正しい。このことからも節約ほど人生戦略における悪手はありません。

また、**過度な節約志向は、新しいことに挑戦する勇気を奪っていきます**。「失敗したら無駄になる」「お金がかかりすぎる」といった思考が先立ち、新しい趣味や技術の習得、起業といった人生を豊かにする可能性のある挑戦を避けてしまいます。

しかし、人生の醍醐味の一つは、未知の領域に足を踏み入れ、新しい経験を通じて成長することにあります。節約を優先するあまり、こうした機会を逃してしまっては、本当の意味で「もったいない」と言えます。

さらに、時間以上に重要なのが人間関係です。節約する人は、どうしてもケチになりがちです。他人との付き合いの中で、常に最も安い選択肢を探したり、誘いを断り続けたりすることは、人間関係にも悪影響を及ぼす可能性があります。

そもそも、当たり前ですがケチな人間は嫌われます。昭和的な考えではありますが、私は部下や後輩には無理してでもおごります。やはり、これくらいの痩せ我慢は必要です。むしろ、そのためにお金をもっと稼ごうと思えるのです。
また、節約を意識すれば、人に出会う機会も減っていきます。当然、チャンスも来ません。その結果、ネットワークも広がりません。これでは、人生の可能性がどんどん狭まるだけです。

このように、**節約することは必ずしも人生に良いことをもたらしません。**無駄な時間を食い、挑戦する意欲を奪い、人間関係も悪くなってしまうのであれば、節約することは最悪とも言えるのです。

"無駄な時間がかかったり、
人間関係に悪影響を及ぼすなら、
節約なんてしないほうがいい。"

行動力と幸福度を高める練習④

- ☑ お金そのものに価値はなく、目的にならないことを忘れない。
- ☑ お金は「経験の購入」のために使い、幸福度を上げる。
- ☑ 人生は時間、能力、人脈、お金の順で攻略する。
- ☑ 金融投資よりも自分への投資を優先する。
- ☑ パーソナルブランディングを行い、社内外に自分が何者であるかを示す。
- ☑ 専門知識とネットワーキング力を身につける。
- ☑ 時には借金をしてでも、いまの自分が持っている以上の知識や体験をする。
- ☑ 時間を有効に使うための出費は惜しまない。
- ☑ 節約は人間関係に悪影響を及ぼさない範囲で行う。

第 5 章

社会への期待をやめる練習

Practice letting go of
expectations for
society

社会

society

への期待をやめたいあなたへ

その1

政治家が国民のために働いてくれる

と信じているあなたは……

p.174

その2

メディアの情報を細かくチェックしていれば大丈夫と考えているあなたは……

p.179

その3

困ったときは行政が助けてくれる
と思っているあなたは……

p.184

その4

日本は安全だから、この先も安心して暮らせると思っているあなたは……

p.190

その5

戦争は遠い世界の問題だと考えているあなたは……

p.195

その6

海外に行けば、お金も稼げて語学も身につくと考えているあなたは……

p.200

政治に期待しない

「政治家は選挙のために動く」

一般論としては「政治家は国民のために働く」というのが普通でしょうが、実際には選挙のために働いています。多くの政治家は、結局のところ自分のために動いているのが現実。政治家だって人ですから、自分や家族の生活が優先されるのは想像に難くありません。

私たちは政治家に高潔な理想や崇高な使命感を求めているかもしれません。しかし、彼らも結局のところ、自己利益を追求する人間にすぎません。政治家という職業を選んだ理由は人それぞれでしょう。理想に燃えて政界入りした人もいれば、家業として政治の世界に入った人もいるはずです。しかし、一度政治家になってしまえば、そこには共通の関心事が生まれます。

それは、次の選挙で当選することです。政治家にとって、選挙に落選することは致命的です。落選すれば、政治家としてのキャリアは終わってしまいます。そのため、彼らの行動の多くは、再選を確実にするためのものになりがちです。ある意味、民主主義のシステムが生み出す必然的な結果ともいえます。

たとえば、ある政治家が環境保護に強い信念を持っていたとしましょう。しかし、その選挙区の主要産業が環境に悪影響を与える工場だった場合、彼は環境保護よりも地元産業の保護を優先せざるを得なくなります。なぜなら、地元の有権者の支持を失えば、次の選挙で落選してしまうからです。

このように、政治家は往々にして国全体の利益よりも、**自分の選挙区の利益を優先**します。これは「選挙区のためだけに動く」という行動につながります。道路整備や公共施設の誘致など、目に見える形で地元に利益をもたらす政策が重視される一方で、全国的な課題や長期的な問題への取り組みは後回しにされがちです。

さらに、日本の場合、この問題は少子高齢化によって深刻化しています。有権者に占める高齢者の割合が極めて高くなっているからです。その結果、政治は必然的に「**老人のための政治**」になりやすくなっています。

年金や医療費の問題が政治の中心課題となる一方で、若者の雇用や教育、子育て支援といった将来への投資は優先順位が下がってしまいます。これは日本の未来にとって極めて危険です。

高齢者向けの政策が充実する一方で、若者や子育て世代向けの政策が不十分なままでは、少子化に歯止めがかかりません。その結果、さらに高齢化が進み、「老人のための政治」が加速するという悪循環に陥ってしまうのです。

このような状況を目の当たりにすると、政治に失望し、関心を失ってしまう人も多いでしょう。特に若い世代において、そのような傾向が強い。「どうせ変わらない」「自分一人が投票しても意味がない」といった諦めの声をよく耳にします。

しかし、だからこそ私は「**誰でもいいから投票しよう**」と強く訴えたいです。投票したい人がいないのもわかります。ただ、投票率を上げていくことでしか、政治家にプレッシャーをかけることはできません。

若者が政治に無関心になればなるほど、「老人のための政治」は加速します。それは結果として、**若者自身の未来だけではなく、日本の未来を脅かすこと**になります。

私は、国力は「教育がすべて」だと思っています。そのためにも、子どもたちに予算がつくような政治にしなければなりません。そのためにも、誰でもいいから投票しに選挙に行くことです。まずはそこから始めましょう。

> 政治家も自分のために仕事をする。
> プレッシャーをかけるために投票に行き、
> 若者や子育て世代向けの政策を充実させよう。

Practice letting go of expectations for **society**

メディアに期待しない

「テレビ、新聞はウソをつく」

メディアは本来、権力を監視し、真実を伝える正義の味方になるべき存在です。しかし、現実はそう単純ではありません。むしろ、「メディアはウソをつく」という認識を持つことが重要です。

もちろん、すべてのメディアが意図的にウソの情報を流しているわけではありません。多くのジャーナリストは、真実を追求し、正確な情報を伝えようと日々努力しているでしょう。しかし、組織としてのメディアには様々な制約や圧力が存在し、**それが結果としてウソにつながってしまう**のです。

その最大の要因が「スポンサー」の存在です。多くのメディア、特にテレビや新聞などのマスメディアは、広告収入に大きく依存しています。スポンサー企業の意向を無視することはできません。

もし、あるスポンサー企業に不利な情報があったとしても、それを積極的に報道することは難しいのが実情です。最悪の場合、スポンサー契約を打ち切られる可能性さえあります。

たとえば、ある大手食品メーカーがスポンサーだとしましょう。その会社の製品に健康被害の疑いが出たとします。本来なら、これは重大なニュースとして大々的に報道されるべきです。しかし、スポンサーへの配慮から、その情報が小さく扱われたり、場合によってはまったく報道されないこともあります。

また、**視聴率や購読者数を確保するために、センセーショナルな報道に走りがちなのもメディアの特徴**です。事実を正確に伝えるよりも、人々の関心を引くような側面を誇張して報道することがあります。

さらに、メディアには政治的な偏向もあります。特定の政党や政治家に近い立場を取るメディアもあれば、逆に批判的な立場を取るメディアもあります。これらの偏向は、報道の内容やトーンに大きく影響を与えます。同じ出来事でも、メディアによってまったく異なる印象を与える報道がなされることがあります。

このように、**メディアには様々な制約や圧力が存在し、それが結果として真実を歪めてしまうこと**があります。だからこそ、私たちはメディアを手放しに信じてはいけないのです。

しかし、これは決してメディアを全面的に否定し、すべての情報を信じないようにしろという意味ではありません。そうではなく、メディアは常に偏っていることを知った上で、自分で分析をする必要があるのです。

そのために必要なのが**「情報リテラシー」**です。情報リテラシーとは、情報を適切に理解し、評価して、活用する能力のことを指します。これは現代社会を生きる上で、極めて重要なスキルです。特に、インターネットの普及により、誰もが容易に情報を発信できるようになった現在、この能力の重要性はますます高まっています。

では、どのようにして情報リテラシーを身につければいいのでしょうか。いくつものポイントはありますが、私は三つだけをやればいいと教えています。

一つ目は、そのメディアが**「誰のお金」で運営されているのか**を確認することです。そのメディアのスポンサーが誰なのか。簡単に言えば、金の流れがどうなっているのかがわかれば、そのメディアの立ち位置がわかります。

二つ目は、**違う立場のメディアで複数確認すること**です。たとえば、どこかの国で紛争が起きたとしましょう。そのときに、アメリカのニュースと中東のニュースを読み比べます。それぞれの立場からの情報を読むことで、中立に物事を考えることができるようになります。

三つ目は、一次情報をなるべく得られるように、普段から**ネットワークを広げておくこと**。メディアの報道は往々にして二次情報、三次情報になっていることが多いです。そのため、情報が伝言ゲームのように歪められてしまうことがあるからです。

結局のところ、オンライン、オフライン、公式、非公式に限らず複数の情報源を持ち、その上で自分で物事を判断できる人間になるように心がける必要があるのです。

"メディアの流す情報を鵜呑みにせず、情報リテラシーを身につけて、自分で物事を判断しよう。"

行政に期待しない

「行政の人も被災者だ」

私がこの言葉を聞いたとき、はっとしたのを覚えています。私の周りには、被災地支援をはじめとする社会貢献活動家が多い。それもあって、私も支援活動を手伝うことがあります。そのときに、「**行政の人も被災者だということを忘れがち**」と聞いて納得した覚えがあります。

「お役所仕事」という言葉があるように、なぜか私たちは行政へのイメージが悪い。効率が悪く、融通が利かない仕事をするようなイメージです。多くの人々が、行政機関に対してこのようなイメージを抱いているのではないでしょうか。

これは大きく期待しているから起こる感情です。道路を整備し、学校を運営し、社会保障を提供する。そして、いざというときには私たちの命を守ってくれる。そんな期待をしているから失望するのです。

そもそも行政機関で働く人々も、私たちと同じ一般市民にすぎません。彼らも家族があり、自分の生活があります。確かに、公務員という立場上、市民のために働くことが求められます。しかし、それは24時間365日、完璧に働けるということではありません。

たとえば、大規模な災害が発生したとき。多くの人々は、すぐに行政が対応してくれると期待するかもしれません。しかし、実際には行政職員も被災者の一人となる可能性が高いのです。自分や家族の安全確保が優先され、すぐに職務につけないこともあるでしょう。

つまり、「**災害が起きたときは役所の人間も被害者**」なのです。彼らにも、自分や家族を守る権利があります。そのため、災害発生直後は、行政の対応が遅れることは十分に考えられます。

また災害時だけでなく、平時のときも同じです。確かに、行政は市民のために存在するかもしれません。しかし、それは民間企業のようなサービス業とは本質的に異なります。行政は公平性と公正性を重視しなければならず、特定の個人や団体の利益のために働くことはできません。

そのため、時として融通が利かないように見えたり、対応が遅いように感じられたりすることがあります。これは、決して怠慢や無能力の表れではなく、むしろ公平性を保つための必然的な結果ともいえます。

そして、今後問題になるのは**財源不足**です。日本はどんどん貧しくなっていき、行政サービスはどんどん削減されていくようになります。当然、行政機関から仕事をもらっているような人たちも生活が厳しくなっていきます。

このように、そもそも行政機関に期待するのがおかしいわけです。であれば、私たちは**「自分で自分の身を守る」という意識を持つことが必要**です。

特に災害時などの緊急事態においては、この姿勢が極めて重要になります。大規模災害が発生した場合、行政の対応には限界があります。消防や警察、自衛隊などの人員も有限です。すべての被災者を同時に救助することは不可能なのです。

そのためにも、最低限やれる準備だけはしておきましょう。数日分の食料や水の備蓄はあったほうがいいです。また、電源と電波も確保しておきたいです。そのためには大容量のバッテリーや衛星でインターネットをつなぐスターリンクとの契約があってもいいでしょう。

また、避難場所の確認もしておくべきです。災害支援に詳しい友人は、歩いて数時間内で地下水がある場所を把握しておくといいと言っていました。

日本は今後も自然災害が多く起こることが予想されます。そのために、ある程度の準備は必要でしょう。また、どこかで災害があったときに、**支援できる自分になっておくこともお勧め**します。

私はそういった支援活動をしていく中で、防災に関する知識も得たし、活動している人たちとつながることができました。その結果、自分の意識も高まったし、そしてなによりも「自分に何ができるか」を考える癖がつきました。

少し話はそれましたが、結局、自分の身は自分で守るという姿勢があれば、行政に期待しなくなるはずです。

”

行政が常に完璧に機能するわけではない。
自分の身は自分で守る意識を持ち、
最低限の準備はしておこう。

“

Practice letting go of expectations for **society**

安全に期待しない

「日本も治安が悪くなる」

「日本は安全」というのは事実です。実際、日本では夜も外出できます。私はアメリカに行くことが多いですが、夜に外出できるのはラスベガスくらいです。

国際的に見ても日本の治安の良さは際立っています。「路上で財布を落としても戻ってくる」「夜中に一人で歩いても危険を感じない」。こうした経験は、多くの日本人にとって当たり前のものでした。

しかし、間違いなく日本の治安はこれから悪くなっていくでしょう。まず、統計的な事実を見てみましょう。警察庁の犯罪統計によれば、確かに刑法犯の認知件数は減少傾向にあります。しかし、その内訳を見ると、**凶悪犯罪や粗暴犯の割合は増加**しています。特に、強盗や強制性交等の重大犯罪は、件数こそ少ないものの、増加傾向にあります。

また、統計に表れない犯罪も増加している可能性があります。サイバー犯罪や特殊詐欺など、新しいタイプの犯罪は従来の統計では捉えきれません。さらに、犯罪の国際化も進んでおり、外国人による犯罪も無視できない問題となっています。

この背景には、「欧米のように移民が増える」という現象があります。少子高齢化による労働力不足を補うため、日本政府は外国人労働者の受け入れを拡大しています。2019年4月には新たな在留資格「特定技能」が創設され、2027年には育成就労制度（現在の技能実習制度が改正されたもの）が導入される予定です。今後さらに多くの外国人労働者が日本に流入することが予想されます。

ただ、ここで重要なのは国際的に見て「日本の給料は安い」ということです。当たり前ですが、優秀な外国人は日本以外の国で働くことを選ぶでしょう。そうなると、**優秀ではない外国人が日本に来る可能性が高い**です。

そうなると余計に、高度な技能を持つ優秀な人材が日本を選ぶ可能性は低くなるでしょう。代わりに、より良い条件を求めて来日する人々の中には、犯罪に手を染める者も出てくる可能性があります。実際、過去の統計を見ても、不法滞在者による犯罪は決して無視できない数字となっています。

欧米では移民が増えたことにより治安が悪化しています。別に外国人差別をしたいわけではなく、異文化が入ってくれば当然、争いごとも増えます。

このようなことから、日本の治安は間違いなく悪化するでしょう。最近では、田舎の老人を狙う外国人グループの犯罪もありました。都会だけでなく地方ですら治安はどんどん悪化するでしょう。

また、**日本社会がどんどん二極化していることも問題**です。貧困や格差の問題にも目を向ける必要があります。犯罪の背景には、しばしば経済的な問題があります。つまり、犯罪を犯す日本人もどんどん増える可能性があるのです。

そうなると、どこに住むかが重要になってきます。私はアメリカの不動産を所有していたこともありますが、そこでも重視していたのは**治安**です。結果的に、治安が良い地域の不動産価格は上がっていきます。

では、どこに住むのが良いでしょうか。前述したように田舎も危険になってきます。となると、都会のどこかが良いということになります。交番や警察署が近くにあって、24時間有人で管理しているマンションが無難です。

また、アメリカのように夜間の外出は避けたり、子どもが一人で出かけたりしないようにします。今後は、これくらいの対策は必要になってくるでしょう。

”

悪化が懸念される日本の治安。
二極化する社会の中では、
どこに住むかが重要になってくる。

“

Practice letting go of expectations for **society**

平和に期待しない

「日本も戦争に巻き込まれる」

この話をよくしています。日本は戦後70年以上、直接的な戦争を経験していません。しかし、この平和は永遠に続くものではありません。むしろ、いまこそ私たちは日本も戦争に巻き込まれる可能性があるという厳しい現実を直視する必要があります。

世界の情勢は刻々と変化しています。ロシアによるウクライナ侵攻、中東での紛争、そして最も日本に関係が深い東アジアでの緊張関係。これらの状況を見れば、日本だって他人事ではありません。

特に注目すべきは、**台湾有事が起こる可能性が高い**という点です。台湾海峡をめぐる緊張は年々高まっています。中国は一つの中国原則を掲げ、台湾統一を国家目標としています。一方、台湾は事実上の独立国家として自治を続けています。この対立構造は、いつ武力衝突に発展してもおかしくない状況です。

台湾有事が起これば、日本も無関係ではいられません。地理的に近いだけでなく、日米同盟の存在も大きな要因となります。アメリカが台湾防衛に乗り出せば、在日米軍基地が使用される可能性が高いです。そうなれば、日本は否応なしに戦争に巻き込まれることになります。

さらに懸念されるのは、日本人が戦争に行かされる可能性です。現在の日本国憲法下では、自衛隊の海外での武力行使は厳しく制限されています。しかし、安全保障関連法の成立により、集団的自衛権の行使が限定的に認められるようになりました。これにより、日本が直接攻撃を受けていなくても、**同盟国への攻撃に対して軍事的に対応できるようになった**のです。

つまり、台湾有事の際に、日本の自衛隊員が実際に戦闘に参加する可能性が出てきたということです。これは単なる机上の空論ではありません。むしろ、現実的なシナリオとして真剣に考える必要があります。

さらに踏み込んで考えれば、徴兵制もあり得るという可能性も視野に入れておく必要があります。

現在の日本には徴兵制はありません。しかし、戦争が長期化し、自衛隊だけでは人員が足りなくなった場合、徴兵制の導入が検討される可能性は十分にあります。実際、世界の多くの国々が徴兵制を採用しています。日本も、緊急時には同様の道を選ぶ可能性は否定できません。

世界中を見渡してみても徴兵制がある国は、60カ国以上存在します。アジアでは韓国、北朝鮮、ベトナム、タイ、シンガポールなどが含まれ、ヨーロッパではスイス、オーストリア、ノルウェーなどです。

さらに、女性に徴兵制がある国は、ノルウェー、スウェーデン、オランダ、イスラエル、北朝鮮、モロッコ、エリトリア、モザンビーク、マリの9カ国です。これらの国々では、男女平等の観点から女性にも兵役義務があるのです。特にノルウェーやスウェーデンでは、ジェンダー平等の推進が背景にあり、同じ条件で男女が徴兵されています。LGBT法が成立した日本でも**男女の徴兵制が課せられる可能性が出てきているの**です。

このような状況を考えると、平和が当たり前だと思わないほうがいいでしょう。平和に期待しない姿勢が極めて重要になってきます。これは決して戦争を望むということではありません。むしろ、**平和の脆さを認識し、それを守るためにどうすべきかを**

真剣に考えることを意味します。

さすがに戦争に巻き込まれることは避けたい。そのためにも国際情勢への関心を持ち続けることです。ニュースや新聞で世界の動きを追うだけでなく、より深い理解を得るために歴史や政治、経済について学ぶことが重要です。情報を鵜呑みにせず、**批判的に分析する力を養うことで、より正確な状況判断ができる**ようになります。

その上で、メディアや政治が暴走しないように行動することです。前述したように情報リテラシーをつけること、投票に行くことを意識していきましょう。

”世界中に戦争の火種はあり、
日本がいつまでも平和である保障はない。
平和を守るためにどうすべきか真剣に考えよう。“

Practice letting go of expectations for **society**

海外に期待しない

「ワーホリに行くな」

よく若者に言っている言葉です。私がこれを言うのは、出稼ぎ感覚でワーキングホリデーを推奨するような情報をよく目にするからです。別にワーホリを否定したいわけではありません。かつてのワーホリなら良かったでしょう。

私は海外経験は良いことだと思っています。私も大学卒業後にニューヨークに住んでいたことがあります。何をやるわけではありませんが、アルバイトで貯めたお金で約1年間過ごしていたし、その経験はいまの人生にも生かされています。

だから、ワーホリ自体を否定するわけではなく、「出稼ぎに行く」「英語を身につける」「キャリアを積む」みたいな期待を持って行くことが危険だと言いたいのです。むしろ、**遊び感覚で行ってくるくらいならいい**と思っています。

当たり前ですが、ワーホリに行って帰国したところでキャリアにはなんの役にも立ちません。むしろ、マイナスです。ワーホリに行ってビジネスで通用するくらいの英語力を身につけたという話も聞きません。日本にいながら英語の勉強ができない人は、海外に行ってもそこまで英語力がつくことはありません。私もそうだからです。

ワーホリに限らず海外に期待している日本人は多いです。海外に行ったこともないのに、「海外移住したい」なんて言う人もいます。おそらく、「海外に行けば何かが起こる」と刷り込まれているのでしょう。

確かに「海外に行けば何かが起こる」はありますが、それはハードなことのほうが多いです。私はアメリカに8年間暮らしていましたが、日本よりはるかに不便です。治安が悪い、アマゾンが届かない（盗まれることもある）、電車やバスが来ない、役所がいい加減、業者が約束を守らないなんてことがむしろ普通です。

つまり、海外には期待しないほうがいいのです。でも、その上で私はあえて、**子どもたちは海外で学ぶべきだ**と思っています。世界には良い大学がたくさんあります。また、いろんな選択肢があります。

世界を見渡せば教育の選択肢は無限にあるのです。私の娘は小学校がホノルル、中学校がサンフランシスコ、高校は日本にいながら海外の高校で学んで、その後、アメリカの大学に進学しました。

このように英語ができれば教育の選択肢が増えます。だから、私は「**英語だけはできるようにさせろ**」という話をよくしています。日本では、学校のシステムが合わない子の居場所がとても限られてしまっています。でも、世界に目を向ければ、選択肢はずっと広がります。

もちろん、海外が合わない子もいます。海外に行ってうまくいかない子もいます。だからこそ、期待せずに海外に興味を持てるようにします。たとえば、小さい頃から海外に行く機会をなるべく持つようにするのです。

前述した通り、子どもにとっても海外のほうが過酷でしょう。しかし、これから落ちぶれていく**日本をいつでも脱出できる力をつけておく**のは重要です。スタンフォード・オンライン・ハイスクールの星校長の言うように、大学院からアメリカを狙うのもいいかもしれません。なぜなら、アメリカの4年制大学の受験は過酷を極めてしまっているからです。

ワーホリにしろ、移住にしろ、教育にしろ、世界の環境は日本よりはるかに過酷であることは間違いありません。だから、期待せずに、むしろ厳しい現実をわかった上で挑戦してほしいのです。

”

海外に行くだけで得られるものは少ない。しかし、子どもたちは海外で学ぶことで人生の選択肢を広げることができる。

“

行動力と幸福度を高める練習⑤

- ☑ 政治家にプレッシャーをかけるため、とにかく投票に行く。
- ☑ メディアが流す情報が正しいという思い込みは捨てる。
- ☑ メディアが誰のお金で運営されているかを確認する。
- ☑ 報道に関して、違う立場のメディアの情報を見比べる。
- ☑ ネットワークを広げて、一次情報を収集する。
- ☑ 自分の身を守るため、災害時に備えて最低限の準備はしておく。
- ☑ 治安の悪化に備えて、安全な場所を探したり、行動に注意を払う。
- ☑ 平和について真剣に考える。
- ☑ できれば、子どもには海外で学ぶチャンスを与える。

あとがき

　ここまで読んでいただき、ありがとうございます。

　本書は私の12作目になります。11作目の『移動する人はうまくいく』（すばる舎）がベストセラーになり、その次の本ということで、普通ならプレッシャーを感じるところでしょうが、私は「期待しない」という姿勢なので特に意識しないですみました。

　多くの場合、期待しようが、期待しまいが、結果は変わらない。むしろ、結果が悪かったときに、次に行動できるのは期待しない人です。

　ある人が人生は障害物競走だと言っていました。人生は良いことも、悪いこともいろんなことが起きるわけで、何が起きても行動し続けることでしか人生を良い方向に導くことはできません。

　ヴィクトール・E・フランクルの著書『それでも人生にイエスと言う』（春秋社）の中にも、

「私たちが『生きる意味があるか』と問うのは、はじめから誤っているのです。

つまり、私たちは、生きる意味を問うてはならないのです。人生こそが問いを出し私たちに問いを提起しているからです。私たちは問われている存在なのです」

とあります。そして、人生の問いには行動でしか返答できません。本書を読み、行動力と幸福度を上げれば、間違いなく良い人生になるはずです。

最後に、本書の企画、編集を担当してくれたソシム株式会社の本郷弘樹さん、池上直哉さんに感謝を述べたいと思います。また、私が経営に参加しているIPS出版株式会社、株式会社未来教育研究所のメンバーのおかげで、執筆活動に専念できました。本当にありがとうございます。

そして、なにより過去の私の著書の読者の方がいたから、今回も出版のチャンスをいただけたと思っています。

インスタやX、YouTubeでも情報発信を毎日やっているので、ぜひ、フォローしていただけたら幸いです。そして、イベントも数多くやっているので、会いにきてください。

2024年10月　長倉顕太

長倉顕太
ながくら・けんた

作家、プロデューサー、編集者。

1973年、東京生まれ。学習院大学卒業後、職を転々とした後、28歳のときに出版社に転職し、編集者としてベストセラーを連発。いままでに企画・編集した本の累計は1100万部を超える。独立後は8年間にわたりホノルル、サンフランシスコに拠点を移して活動し、現在は本やコンテンツのプロデュースや、これらを活用したマーケティングを個人や法人に伝えている。海外での子育て経験から、教育事業などにも携わっている。

主な著書に『移動する人はうまくいく』（すばる舎）、『超一流の二流をめざせ！』（サンマーク出版）、『親は100％間違っている』（光文社）、『常識の1ミリ先を考える。』（横浜タイガ出版）、『人生は28歳までに決まる！』（イースト・プレス）などがある。

インスタやX、YouTubeでも情報発信中。
〈公式サイト〉 https://kentanagakura.com/

誰にも何にも期待しない

行動力と幸福度を同時に高める練習

2024年 12月 9日　初版第1刷発行
2025年 5月19日　初版第5刷発行

著者　長倉顕太
発行人　片柳秀夫
編集人　平松裕子
発行　ソシム株式会社
https://www.socym.co.jp/
〒101-0064
東京都千代田区神田猿楽町1-5-15 猿楽町SSビル
TEL：（03）5217-2400（代表）　FAX：（03）5217-2420
印刷・製本　株式会社暁印刷

定価はカバーに表示してあります。

落丁・乱丁本は弊社編集部までお送りください。

送料弊社負担にてお取替えいたします。

ISBN978-4-8026-1491-7　